Schwobakäpsela

Schwobakäpsela

Texte und Lieder
aus dem Schwäbischen

von

Albin Beck
Bernhard Bitterwolf
Hugo Breitschmid
Marlies Grötzinger
Ingrid Koch
Rösle Reck
Hermann Rehm
Paula Renz
Erika Walter

Herausgegeben von
Bernhard Bitterwolf

Silberburg-Verlag

2. Auflage 2012

© 2010/2012 by Silberburg-Verlag GmbH,
Schönbuchstraße 48, D-72074 Tübingen.
Alle Rechte vorbehalten.
Umschlaggestaltung: Uli Gleis, Tübingen.
Druck: CPI books, Leck.
Printed in Germany.

ISBN 978-3-87407-995-2

Besuchen Sie uns im Internet
und entdecken Sie die Vielfalt unseres Verlagsprogramms:
www.silberburg.de

Inhalt

»Schwobakäpsela«
aus dem Land der Originale 10

Land und Leit 20

Albin Beck: Bloß it vrdrwischa lau 20
Hugo Breitschmid: Umleitung 24
Bernhard Bitterwolf: Schaff-im-Ländle-Boogie 26
Rösle Reck: A Käpsele 28
Hermann Rehm: Schindmerra 29
Marlies Grötzinger: Schuah no grad gnua 31
Hugo Breitschmid: Isch des a Fraid 32
Rösle Reck: Wanderliad 33
Bernhard Bitterwolf: Oberschwaben-Quodlibet 36
Marlies Grötzinger: Woichoier ond Warmduscher, au mir Schwoba? 37
Hugo Breitschmid: Mei Hond 39
Oma Paula: 's Kätzle 40
Oma Paula: Bschissa 41
Oma Paula: 's Fahrrad 41
Marlies Grötzinger: Dr Werner, mei Nuier 42
Bernhard Bitterwolf: Mercedes Benz 44

Oma Paula: Die Spitzen der Behörden 46
Erika Walter: Der Volksvertreter 46
Hermann Rehm: Schulteswahl 47
Erika Walter: Feriengäscht aus Schtueget 48
Hermann Rehm: Sauna 49
Marlies Grötzinger: Oin Virus laicht da nägschta 50
Bernhard Bitterwolf: Sport 52
Hugo Breitschmid: Krachmusik 54
Oma Paula: Bibelsprüch 55
Oma Paula: Hoimweh 56
Oma Paula: Dr Hund von dr Dante 56
Oma Paula: Huasta 57
Oma Paula: Männer und Hundle 58
Oma Paula: D'Fluiga 58

Unser Sproch 59

Rösle Reck: Urschwäbisch 59
Ingrid Koch: G'schwätzte Sproch 61
Rösle Reck: D'Mama- oder d'Omasproch 64
Marlies Grötzinger: Dackel, Halbdackel ond andere Leit 66
Erika Walter: Kehrwoch 68
Erika Walter: Dinna und duss 69

Erika Walter: Ma mäh!   71
Bernhard Bitterwolf: Leberwurscht-Kanon   72
Erika Walter: Macht   73

Essa und trinka   74

Bernhard Bitterwolf: Liad vom Kartoffelsalat   74
Erika Walter: Der Hefezopf   76
Bernhard Bitterwolf: Tischkanon   80
Rösle Reck: Schwäbische Speiskaat   81
Erika Walter: Zogene Kiachla   85
Rösle Reck: Dr Moscht ischt en Siach   86

Früher und heit   87

Hermann Rehm: De guet alt Zeit   87
Marlies Grötzinger: Erziehung mit em Strubbelpeter   88
Hugo Breitschmid: Die Rettung   90
Bernhard Bitterwolf: Bruddler-Kanon   92
Hugo Breitschmid: Emmer d' Eva   93
Albin Beck: Paragrafareiter   96
Marlies Grötzinger: Viagragsälz   102

Rund ums Johr 104

Erika Walter: Das kleine Glück 104
Bernhard Bitterwolf: Frei de heit (Kanon) 105
Oma Paula: Dreikönig 105
Oma Paula: Aschermittwoch 106
Erika Walter: De erschte Veilchen 107
Hugo Breitschmid: Lugebeitel 108
Hugo Breitschmid: Sommer im Park 109
Oma Paula: Urlaubsbekanntschaft 110
Ingrid Koch: Weihnachtsfeire 111
Erika Walter: Das Weihnachtsgeschenk in letschter Minute 114
Erika Walter: Weihnachten in der Stadt 117

Von dr Liab 120

Albin Beck: Dr Liebesbarometer 120
Oma Paula: Platonische Liebe 124
Oma Paula: Dia Braut 124
Oma Paula: Dr Rausch 125
Oma Paula: Einsam 125
Bernhard Bitterwolf: Musikalische Liebeserklärung 126
Erika Walter: Frühstück zu zwoit 128
Erika Walter: Goldene Hochzeit 129
Oma Paula: Todesazoig 130

Über uns 131

Albin Beck 131
Bernhard Bitterwolf 132
Hugo Breitschmid 132
Marlies Grötzinger 134
Ingrid Koch 135
Rösle Reck 136
Hermann Rehm 137
Paula Renz 137
Erika Walter 138

»Schwobakäpsela«
aus dem Land der Originale

Als Käpsele bezeichnet der Schwabe einen Zeitgenossen, der »ebbas em Grind, ebbas ondr dr Kappa«, sprich etwas im Gehirn hat. Die Mundartautorinnen und -autoren in diesem Buch gehören zu dieser Kategorie Mensch. Individuell und eigenständig nutzen sie ihre Muttersprache, das Schwäbische, um die verschiedenen Facetten und Ausdrucksmöglichkeiten dieses wunderbaren Idioms deutlich zu machen. Dieses Buch ist fast so etwas wie ein kleiner Sprachatlas der oberschwäbischen Mundart, weil diese »Schwätzkünstlerinnen und -künstler« in unterschiedlichen Regionen Oberschwabens beheimatet und dort auch sprachklanglich verwurzelt sind. Gemein ist allen das Prädikat: Original!

Jede Landschaft und jede Landsmannschaft beansprucht für sich, sicher mit Recht, unverwechselbar und einzigartig zu sein. Sowohl aus der Innen- als auch aus der Außensicht trifft diese Aussage auf Oberschwaben in besonderem Maße zu. Über Jahrhunderte lag der Landstrich zwischen Donau und Bodensee, zwischen Lech und Schwarzwald im Schatten der großen weltpolitischen Ereignisse, auf sich selber gestellt und mit sich selbst beschäftigt. Die Obrigkeit war in der Regel weit weg, in Zeiten der vorderösterreichischen Herrschaft in Innsbruck und Wien, nach der Zuschlagung aus Napoleons Gnaden zum Königreich Württemberg jenseits der Schwäbischen Alb, in Stuttgart. Es ist deshalb kein Wunder, dass sich in Oberschwaben ein Menschenschlag entwickeln konnte, geprägt durch gelebte Traditionen und gewachsenes Brauchtum, beeinflusst durch die vielfältige Landschaft mit ihren Wiesen, Wäldern, Seen, Mooren, Rieden, Hügeln und Bergen, auf den der Begriff »Original« zutrifft.

Für die einen sind diese Menschen Bruddler, Hurgler, Lohle, Trialer oder Gischpl, für die anderen Schaffer, Tüftler oder schlichtweg Lebensphilosophen. Eines ist unbestreitbar: Die Oberschwaben sind eigen, haben ihren eigenen Kopf, zeigen sich manchmal auch eigenbrödlerisch. Eigenständigkeit und Eigensinn gehen Hand in Hand. Aus einem typisch oberschwäbisch an- und ausgelegten Katholizismus, aus einer gesunden Rückständigkeit heraus haben sich Charakterköpfe entwickelt, denen eine heitere Moralität, eine fast sprichwörtlich zu nennende Gelassenheit, eine Großzügigkeit im Denken zu eigen ist. Eine südländische Lebenseinstellung, ein ausgeprägtes Freiheits- und Toleranzdenken tun ihr Übriges, um die vom Ravensburger Alt-Landrat Guntram Blaser wohlmeinend formulierte »Gnade der oberschwäbischen Geburt« als echtes Privileg zu empfinden.

In seiner heiteren Charakterkunde beschreibt 1838 der Theologe und Schriftsteller Carl Theodor Griesinger die oberschwäbischen Bauern (und damit die meisten Leute dort): »Der Oberländer Bauer ist groß gewachsen, stark gebaut, sieht blühend aus, isst gern Fleisch und trinkt gern Bier. Der Oberschwabe ist sehr gutmütig, aber sehr derb. Die Sprache ist hart, aber das Herz hat er auf dem rechten Fleck. Er drückt dir die Hand, dass du schreien möchtest, aber du darfst dich auf seinen Handschlag verlassen. Er ist nicht schnell resolviert, aber wenn er sich einmal zu etwas entschlossen hat, so bleibt's auch dabei. Er lebt gar gut und liebt die Kartoffeln und das Wasser gleich wenig. Warum sollte er auch? Hat er doch Schweine im Stalle und Frucht auf dem Speicher! Und das Bier ist auch nicht teuer; eine Hauptliebhaberei von ihm ist Sauerkraut, Spätzlen und Speck. Ins Wirtshaus geht er nicht ungerne. Der Oberschwabe fängt nicht leicht Händel an, wenn er aber einmal angefangen hat, so geht's selten ohne Blutvergießen ab, denn es kommt ihm nicht darauf an, sein Fangmesser zu ziehen und dem andern eines zu versetzen. Er liebt die Weiber und den Tanz.«

In einer 1834 verfassten Beschreibung des Oberamtes Saulgau wird festgestellt: »Oberschwaben ist von einem gut aussehenden und wohlgenährten Menschenschlage bewohnt. Bier und eine nicht kärgliche Kost, nicht allzu angestrengtes Arbeiten und daneben meist ebenes Land sind ohne Zweifel die Ursache davon.«

Wir Oberschwaben sind es gewohnt, dass die vermeintlich weltoffeneren Menschen anderer Regionen uns lächelnd, manchmal auch etwas hochnäsig beäugen. Es stört uns nicht weiter – hat doch die Tourismus-Industrie die Besonderheiten und Vorzüge Oberschwabens neu entdeckt. In der im Jahr 2006 veröffentlichten Studie »Perspektive Deutschland« ist nachzulesen, dass in Oberschwaben die glücklichsten Menschen Deutschlands leben. Ein gesunder Stolz auf die eigenen Wurzeln, auf die eigene Heimat tritt in oftmals in bierseliger Laune gedichteten und sicher nicht der gehobenen Literatur zuzuschlagenden Schüttelreimen zutage:

In Oberschwaben isch es schee –
ma hot it weit an Bodasee,
ma hot it weit zur Donau num,
wer uns it kennt, isch furchtbar …
(arm dra!)

Mir leabet do wia em Barock,
ständig gibt's en nuie Hock.
Do isst ma Spätzla, trinkt en Wei,
woandersch möcht i it gstorba sei!

Eine der Nachahmung empfohlene oberschwäbische Lebensweisheit lautet: Wer feste schafft, soll auch feste »feschten«! Aus dieser über Jahrhunderte verinnerlichten Lebenseinstellung hat sich eine unverwechselbare Identität entwickelt, ein Humus, auf dem echte

Originale wachsen und gedeihen konnten und können. Leider ist diese Spezies von Menschen in einer globalisierten Welt, in der immer mehr Lebensbereiche uniformiert werden, vom Aussterben bedroht. Heute werden aufmüpfige Geister glatt geschliffen, Tagesabläufe werden austauschbar, charakterliche Ecken und Kanten abgehobelt – alles im Dienste der Effizienz, eines einseitigen Leistungsgedankens.

In Oberschwaben sind Gott sei Dank noch kleine Fluchten möglich. Hier hat das Leben in Vereinen noch einen hohen Stellenwert. Sport- und Musikvereine, Chöre und Wandergruppen haben guten Zulauf. Fasnetszünfte müssen den Ansturm der Neumitglieder regulieren. Warum? Weil hier noch Raum ist für einen knitzen, trockenen Humor, weil man hier nicht bis ins Detail auf die »political correctness« achten muss, weil an den Stammtischen nach erfolgter Probe oder sportlicher Betätigung ein lockeres »Lettagschwätz« mit wohlwollendem Gelächter honoriert wird.

Die historischen Ereignisse haben wohl in den Oberschwaben ein besonderes Zusammengehörigkeitsgefühl wachsen lassen, ein Bedürfnis nach Geselligkeit und Gedankenaustausch. Das in Oberschwaben übliche, durchaus gesellschaftsprägende Miteinander in den unterschiedlichsten Formen ist und war schützendes Dach, ja Heimat für viele der zahlreichen oberschwäbischen Originale.

Denken wir an den 1781 in Saulgau geborenen Pfarrer Michael von Jung, der bei den Beerdigungen in seiner Kirchengemeinde Kirchdorf das Leben des oder der Verstorbenen zur Gitarrenbegleitung in gereimter Liedform vortrug.

Denken wir an den Prämonstratenserpater Sebastian Sailer (1714–1777), der ein in der Barockzeit fast als Sakrileg empfundenes Werk schuf und aufführte: Die biblische Schöpfungsgeschichte auf oberschwäbisch.

Denken wir an den vielseitig begabten Michel Buck (1832–1888), der trotz seiner akademischen Ausbildung zum Arzt sich nicht zu schade war, in seiner »Muatarsproch« zu dichten und Dorfgeschichten zu verfassen.

Denken wir an den oberschwäbischen Eulenspiegel, den 1839 in Gebrazhofen geborenen »alten« Munding, der zeitlebens mit Humor den Widrigkeiten eines nicht leichten Lebens zu trotzen wusste.

Denken wir an den 1855 geborenen Eglofser Michael Netzer, genannt Schuhmichel. Als Störhandwerker kam er herum, kannte seine Mitmenschen und richtete seine spitzen Redensarten gegen die Obrigkeiten, egal ob weltlichen oder geistlichen Standes.

Denken wir an den Wurzacher Moormaler und Poeten Sepp Mahler (1901–1975), der sich nie verbiegen ließ und mit seiner bildhaften wie sprachlichen Kunst bis heute fasziniert.

Denken wir an den im Jahr 2006 in Ebenweiler verstorbenen Publizisten und Erwachsenenbildner Rolf Staedele, der mit seinen mundartlichen Texten zum Nachdenken anregen und das eigenständige Denken befördern wollte.

Denken wir an den 2009 verstorbenen Bauern Josef Rösch aus Haidgau. Als begnadeter Humorist wusste er um die Stärken und Schwächen seiner Zeitgenossen und persiflierte sie auf eine unnachahmliche Art und Weise.

All den Genannten ist eines gemeinsam: Der Umgang mit der eigenen Sprache, der Mundart. Natürlich ist sie eine verbindende Klammer, auch wenn jede und jeder zu ihr einen anderen Zugang hat. Originell, unverwechselbar, verwurzelt, mit eigener Diktion, so kommt Mundart bis heute daher. Wer ein feines Gehör hat, kann an Satzmelodie, an Redewendungen, an Akzentuierung, am Klang der beliebten Nasallaute erkennen, aus welcher Region, ja aus welchem Dorf der Gesprächspartner kommt, wo er seine sprachliche Prägung bekommen hat.

In Oberschwaben sind wir in der glücklichen Lage, auch heute noch Originale um uns rum zu haben: Menschen, die in Teilen anders ticken, anders denken, anders kommunizieren, ihr Leben anders gestalten. Anders als all die anderen, die stromlinienförmig dem sogenannten »mainstream« folgen, die erzählen können, was im Frühstücksfernsehen ausgestrahlt wurde, aber nicht mehr über das Wohlergehen der Nachbarn auf der anderen Straßenseite Bescheid wissen. Ein wichtiger Bestandteil im Wortschatz dieser Originale früher und heute war und ist das Wort »wellaweag«. Hier tritt Lebenseinstellung und auch »a bissle« Trotz zutage. Unbeirrbar den eigenen Weg gehend, bleiben sich diese Menschen selber treu, egal woher der Wind weht, egal mit welchen Widerständen eventuell zu rechnen sein könnte. Aktiv, fleißig, lebensfroh, reaktionsfreudig, auch unbeugsam und hintersinnig trotzen sie den Vorwürfen, stur und starrsinnig zu sein.

Glücklich die Gegend, wo es noch Originale gibt, glücklich die Landschaft, in der man stolz ist auf seine Originale, glücklich der Landstrich, in dem sich Menschen wie Albin Beck, Hugo Breitschmid, Marlies Grötzinger, Ingrid Koch, Rösle Reck, Hermann Rehm, Oma Paula Renz, Erika Walter wohlfühlen und kreativ sind. Diese Originale leben uns das Motto vor: »Wenn ma mit de Leit it schwätzt, verstoht ma se it – und sia verstandet oin it!«

Bernhard Bitterwolf

Land und Leit

Albin Beck: **Bloß it vrdrwischa lau**

Wo dr Heiner sei zwoita Garage baut hot, fast alles in Eigaleistung, hot'r sein Opel Rekord zu ma Transporter umfunktioniert. 's ganze Baumatrial hot'r mit'm auf d'Baustell gschaffet. It immer ganz vorschriftsmäßig. Ma muss au ebbes riskiera! Und a bissle Dusel braucht ma au!

Wo'nr fast fertig gwea ischt mit seim Bauwerk, hent se'n dann doch no vrdwischt. Er ischt da Fuchsberg nagfahra, 's Auto glada mit Zement, Kalk, Latta, Dachpappa und Isoliermatrial. Und unta ischt a Polizist gstanda. Dr Heiner hot d'Katastroph komma seha.

»Wisset Se, worum i Sia anhalt?« Der Herr in Uniform hot an ganz moderata Ton angschlaga.

»Nnnoi… Vielleicht… hau'ne überlada?«

»Dees könnt natürlich sei. Sia fahret jo an ganza Baumarkt spaziera. Aber wega dem hau'ne Sia it anghalta.«

Dr Heiner hot hörbar aufgschnaufet. Wegem Überlada also it. Aber wega was dann?

»Vielleicht weil dr TÜV abgloffa ischt? Aber no it lang«, hot'r schnell noochgschoba.

»Au dees no! Lent se mi amol gucka.« Zwoi Monet wars über Zeit. »Wenn sonst nix wär, könnt i vielleicht boide Auga zuadrucka. – Aber wega dem hau'ne Sia natürlich it gstoppt.«

Dr Heiner hot bloß mit de Achsla zuckt. »Sonst ka ne mir nix denka … Ah jetzt, dees oine Rücklicht. Dees ischt grad vorher beim Auflada kaputtganga. Ganz bestimmt. Se könnet mrs glauba.«

»Des wird jo immer besser!« Dr Polizist hot den Schada besichtigt. Dann ischt'r a bissle offizieller worra: »Hent Se überhaupt an Führerschei? Zoiget Se amol Ihre Papier.«

»Aber natürlich hau'ne an Führerschei! Moment.« Dr Heiner hot im Handschuhfach anfanga gruschtla. Aber da Führerschei hot'r it gfunda. Dann in de Türfächer. Doo war'r au it. »Ja sag amol … der muss doch im Handschuhfach sei! I woiß gwieß!« Er hot nomol alles umdreht. Tauset Sacha send rauskomma. Bloß koi Führerschei. Langsam ischt'r nervös worra. »I ka mir dees it erklära. Den muss mei

Weib wega was woiß i was rausdua hau. Der hot immer doo dinna sein Platz ghet.«

Ziemlich hilflos hot'r den Gesetzeshüter agucket. Der hot im guata Wetter nimme trauet.

»Jetzt ehrlich, hent Sie Ihren Führerschei no oder hot'mn Ihne gnomma? I bring's raus!«

»Aber natürlich hau ne mein Babbadeckel no! Wo denket Se na!«

Dr Polizist hot vom Dienstwaga aus telefoniert. Nooch a paar Minuta hot'r Bescheid gwisst. »Also, des mit dem Führerschei goht in Ordnung. Sia müsstet'n natürlich drbei hau. Sonst kost's. Des wisset Sia. Und wenn ma scho drbei send: Was isch noo allesss... zweifelhaft an Ihrem ... Ihrem ... Lastwaga?«

»Worum, roichts no it?« Dr Heiner hot sich in Galgahumor gflüchtet.

»Roicha? Mir roichts scho lang. Aber 's wird immer intressanter. Dr Finanzminischter freut sich.«

Im Heiner isch ganz mulmig worra. Aber jetzt den Ma bloß it no reiza! »Also sonst isch mei Auto in Ordnung. I wüsst wirklich nix ... bestimmt ... gwieß ... guat, wenn ma ganz genau nagucket, hent d'Roifa vielleicht a bissle wenig Profil ... a kleis bissle ...«

Dr Polizist hot'n ganz schräg aguckt. »Se sehet des fast richtig. Allerdings hent Ihre Roifa it a bissle wenig Profil, se hent bloß a bissle Profil. Mit dem Karra könnet Se grad no in dr Garage rumfahra – und doo derfs it glatt sei.«

Dui Sach hot zmol gar nimme guat ausgseha. »Also«, hot der Ma in Uniform Bilanz zoga, »koin Führerschei, überlada höchstwahrscheinlich, TÜV abgloffa, bloß oi Rücklicht und abgfahrene Roifa. Des könnt teuer werra. – Und jetzt sage Ihne no, worum i Sia aghalta hau. Do doba stoht a Schild: Durchfahrt gesperrt. In zehn Minuta kommt a Bagger und reißt dui Stroß auf. – Was saget Se jetzt?«

Gar nix meh hot'r saga könna. Er hot sich da Angstschwoiß aputzet und auf d'Zäh bissa vor Zora. Wia ka i …! – Noch ra kleina, sadistischa Kunstpause hot der Staatsdiener dann umgschwenkt: »Jetzt machet Se sich ganz klei und fahret Se schnell hoim, ganz schnell, sonst muss i Sia vrhafta mitsamt Ihrem Bomber! Und noch ganget Se glei in d' Werkstatt und zum TÜV! Klar? Und lent Sia sich jo nimme so vrdwischa!«

Polizei, dein Freund und Helfer? Aber Angst macha könnet se oim scho ghörig!

Hugo Breitschmid: **Umleitung**

Do willsch ens Städtle fahra,
no g'schwend sott'scht ebbes hau,
a Schild warnt vor Gefahra,
von Weitem sieht mas schau.

En ganza Schilderwald schtoht do,
jo send diea it ganz bacha,
ond des am Freitagmittag no,
do vergoht dirs Lacha.

A kloiners Loch bloß en d'r Schtroß,
doch dr Bautrupp packt grad ei,
dr Plan der fehla ond 's gnau Moß
ond Schluss, weil's Freitag sei.

Da Bagger mit seim langa Greifer,
überzwear rom schtellt man na,
des war d'r letschte Arbeitseifer,
Handwerkerferien fanget a.

Diea Omleitong macht glei Verdruss,
auf em Feldweag volla Dreck
hanget schau en Omnibus
ond kommt it weg vom Fleck.

En Bauer fährt ens Schlagloch nei,
Ozon verliert sei Fass,
en Fremda froget, wo er sei,
er suacht da Reschapass.

So isch des hald beim Stroßabau,
was sei muaß, des muaß sei,
doch manchmol goht's hald it so gnau,
en ma Johr isch alles vorbei.

Bernhard Bitterwolf:
Schaff-im-Ländle-Boogie

Gschaf-fet wird bei uns im Land, des isch ü-ber-all be-kannt.
Schaf-fa, schaf-fa, Geld ver-die-na, so kommsch auf en Zweig, en grü-na!
Koi-ner macht sei Ka-na-pee bloß durch's faul Na-flag-ga hee!

– 2 –

Zur Bausparkasse Schwäbisch Hall
springet mir von Fall zu Fall,
Boehringer-Ingelheim, ABB,
Ciba, Siedle, Sick AG.

Noi, an Firme sind mir it arm,
mir hond Südzucker, Ratiopharm,
Hymer, Schlecker, Liebherr, Bott,
sotte Nama ma kenna sott!

– 3 –

Schiesser, Alusuisse in Singa,
alle dont se Geld eibringa.
Ravensburger, Baby Walz, Kress,
gschaffet wird ganz ohne Stress!

Kremplet au dia Ärmel nauf,
so hoißt's bei uns landab, landauf.
Mit Schaffa hör i nemma auf,
bis i tot bin, nemme schnauf!

Rösle Reck: **A Käpsele**

A Käpsele, des ischt en Ma,
(doch's ka a Frau, a Kind au sei,)
der aweng meh wia andere ka,
deam zum Problem fällt d'Lösung ei,
der ebbes a'fangt mit dr Zeit
für sich ond au für ander Leit.

A jeder Mensch hot seine Gaba,
dia send eahm doch in d'Wiaga glait.
Ma soll d'Talente it vrgraba,
so wia oim des schau d'Bibel sait.
Hätt's bei ma Käpsele it zunda,
ka sei, wär's Rad heut noit erfunda.

Hermann Rehm: **Schindmerra**

's Kitzadones Liesabeth
und 's Gablamachers Mei,
dia bringed älles ufs Tapet,
do sind dia glei drbei.

Se hächaled a jeden dur,
da Schultes samt de Rät.
Se nammed au da Pfarr in Kur,
wia wenns der braucha dät.

Lauft oiner an ihne vorbei
und geit ihne no d'Zeit,
kaum ischt er fut, noch wird er glei
in ihra Mangel keit.

Descht au koi Reachter, sait de oi,
de ander sait, descht wohr,
der sei so wüescht zum Weib dahoi,
dia krieg koi Geld 's ganz Johr.

»Aber d'Tochter und dr Ma
verroised doch äll Bott,
wia bringed dia bloß 's Geld uf d'Bah,
do goht's no hinda hott.«

»Grad wia beim Autohändler Lui,
den hot's de längst Zeit gea.
Do hauni geschdeg um a drui
da Grichtsvollzieher gseha.«

Isch bei oim in dr Ehe faul,
ma woißt, au des kommt vor,
noch hebed se no d'Hand vor's Maul
und saged sich's ins Ohr.

So tratsched se und batsched se
und riechtet d'Leit reacht aus,
so lästered und schimpfed se
und land koi Haus it aus.

's trifft a jeden, noanand,
au du wirst it verfehlt,
und wenn se de verkuttled hand,
moi noch bischt büscht und gschdrählt.

Marlies Grötzinger:
Schuah no grad gnua

Erscht neulich hau i ghört, dass deitsche Fraua em Schnitt 14 Paar Schuah häbet. 14 Paar – em Schnitt wohlgmerkt! De Männer däbet sieba Päärla roicha.

Hälenga hau i glei mol mei Schuaschränkle aufgmacht ond nochzählt.

I verrot Ihne jetzt it, uff wie viele Päärla i komma be. Weil 's könnt jo sei, dass des mei Lebenslänglicher mitgriagt. Der dät noch bei jedem nuia Päärle 's Debra afanga.

Also mi dät jo bloß interessiera, wer uff so bleedsennige Omfroga iberhaupt kommt. Bestemmt so a Manndsnam, der wo grad nix Gscheiders zom doa ghet hot. Mir Fraua froget doch au it, wie viel Schraubaschlüssl ond Sägblättla dia Maa en ihrer Werkstatt hand?!

Mir brauchet eba so viel Schuahwerk, basta! Mir müsset au mol mit ema Schuah en Nagel en d'Wand neischla, weil ma grad koi anders Werkzeig zur Hand hand. Mir Fraua müsset dagaus, dagei uff de Fiaß sei, dass es eisre Liebste an nix fehlt. Mit Schuah nadierlich, barfuß isch des oagnehm!

Ja ond schea sei sottet ma jo au no! Ha do roichet it a Päärle Gommistiefel, a Päärle Sonntigsschua ond a Päärle Schlapper. Do braucht ma gar koin so en Lebdag macha!!

Ond desch doch so klar wia no ebbes: Wenn 's om Schuah goht, sand mir Fraua it bloß Tausendsassa, sondern moischtens au Tausendfüßler!

Hugo Breitschmid: **Isch des a Fraid**

Grond zom Fraia geit's grad gnua,
send a wengg z'eng deine Schuha,
ond em lenka Schuha, dem knappa,
dend dir Zaia wai beim Dabba.
Hoscht a Fraid ganz ommasuscht,
wenn den Schuha du ronterduascht.

Rösle Reck: **Wanderliad**

Du, mei schees Oberland,
mir ghöret zuanand,
wia Butter ond Gsälz.
Wenn i nu bei dir be,
noch fehlt mr gar nix meh,
noch haun-e ällz.

Schlupf-e en d'Wanderschuah,
lauf-e dr Sonna zua,
kromm ond gradaus,
des ischt ganz noh meim Gschmack.
Wia en meim Hosasack
kenn me do aus.

Bickel nauf, Däla na
gang-e ond frai me dra,
wia älles blüeht.
Weiher ond Deichla, klei,
ladet zom Küehla ei,
sind d'Füeß mir müed.

Burga ond Schlösser au
winket vo Weitem schau,
mir, wenn i komm.
's Flüssle lauft mit a Stuck,
hilft mr mit seiner Bruck
über sich nom.

Dur's Waldstuck führt mein Gang
oder am Drauf entlang,
schee onderdach.
Wiesastuck, Ackergrund,
grad wia en Deppich bunt,
silbriger Bach.

Au wer it singa ka,
stimmt jetz a Liadle a.
's kommet glei z'Hilf
d'Vögel äll, groß ond klei,
ond 's stimmet au mit ei
d'Fröschla im Schilf.

Bäum ond Büsch, friahlingsfroh,
stand ganz eng ei'ghenkt do
entlang meim Weag.
D'Weid aber stoht alloi,
sieht aweng traurig drei,
donda am Steag.

Wald rondrom uf dr Höh,
Buecha ond Danna, schee,
traget des Blau,
wo über ällz ischt gspannt.
Mei Hoimet, 's Oberland,
Gott, schütz mr's au!

Bernhard Bitterwolf:
Oberschwaben-Quodlibet

Marlies Grötzinger: **Woichoier ond Warmduscher, au mir Schwoba?**

Wa isch it scho ällz iber d' Schwoba gschrieba worra! En Klassiker mittlerweile isch des Buch vom Thaddäus Troll »Deutschland deine Schwaben«. Seit iebr vierzg Johr isch des uff em Markt, emmer wieder amol kommt's nui raus. Wenn Se do neileset, merket Se: Em Troll seine Schwoba müsset no andere Kerle gwea sei wie de heitige.

Phäb, grob, ogschlachte Denger eba. So oine findsch heit nemme.

Ha, wenn da friehr ama Urschwob kromm komma bisch, hosch doch glei oina an d' Gosch na kriegt. Ohne dass da reacht gwisst hosch, was eigentlich los isch. Ond froga hosch au it braucha, sonsch hot's glei nomol gschellet.

Später hot sich des koiner meh traut. Au de Hagebiacheschte hand ihre Opfer scho mal vorgwarnet, vor se oifach losdroscha hand: »Bass bloß auf, sonsch griagsch oina an d' Gosch na«, hand dia sellamol zom höra kriegt.

Seit es Fernseha ond Internet geit, gleichet sich d' Schwoba ander Leit a. Au de oghobledschte laufet mittlerweile einigermaßa en dr

Spur. Statt oifach druffhaua, hauet se moischtens ab. Manche drucket vorher a »Hoi« d' Lätsch raus. »Hoi«, hoißt soviel wia »Hoppla«.

Ond wenn's amol gar nemme anderscht goht, hört ma sogar »Entschuldigung«. Aber des Wort brengt au a nuimodischer Schwob bloß en allergrößter Not iber's Maul.

Oh Deitschland, deine Schwoba! 's dauret nemme lang, no sand mir älle gleich. Mir könnet verwarta, dass em Troll sei Bestseller als Ladahüter em Regal standa bleibt. Weil den koiner meh braucht! Ond der Schreiberleng, wo de Reigschmeckte da »Umgang mit Schwaben« verklickera will, hot sich omasonscht verkopfet. Des Biachle könnet Se mitsamt dr »Gebrauchsanweisung für Schwaben« eistampfa.

Hugo Breitschmid: **Mei Hond**

I hon dohoim en rota Hond,
der hoißt Nero ond isch g'sond.
Manchmol folgt'r, maischtens it,
er fährt gern auf em Schlepper mit.

Bei Nacht sott der da Hof bewacha,
doch do muaß schau millionisch kracha,
bis der amol en Boller duat,
jo, mei Nero, der schloft guat.

Wenn irgendwo am Horizont
a Schofherd kommt mit drei, vier Hond,
noch duat er wiea en wilda Löw,
doch send diea Hond noch en d'r Näh,
noch sitzt er henda nei en d'Hütta,
noch hörscht ond siehscht den Feigleng itta.
Doch send diea Hond am Hof vorbei,
schempft er wieatig hendadrei.

D'r Tierarzt hot mein Hond kastriert,
weil der völlig oscheniert
für Nochwuchs g'sorget hot em Ort,
alle jonge Hond send rot.

Jetzt ka der Nero oms Verrecka
da Tierarzt nemme seha ond schmecka,
er knurrt ond bollet, was er ka,
seit dem Dag da Tierarzt a.

Ma ka den Hond jo schau verschtau,
er trauet nemme auswearts gau,
er ka jo koina meh vernascha,
er vermeidet diea Blamascha,
bleibt solid ond brav dohoi
ond vernascht sei Plastikboi.

Oma Paula: 's Kätzle

En Bauer hot a Kätzle ghett, des er ganz arg möge hot. Er hot dem Kätzle 's Schwätza beibringa wella. Dia Katz hot des nicht begriffa! Am vierta Dag hot se immer no it schwätza kenna. Do sait der Bauer: »Woisch wa, Katz, etz kasch me grad am Arsch lecka!« No hot d'Katz gsait: »Mi au!«

Oma Paula: **Bschissa**

Sell Bauer hot zur Bäure gsait: »Wenn i amol gstorba bin, no heiresch du dr Viehhändler!« »Jo worum soll i dr Viehhändler heirota?« »Woisch, der hot mi meiner Leabdag bschissa – und etz soll er au seha, wia des isch!«

Oma Paula: **'s Fahrrad**

En kloine Kerle loinet sei Fahrrad an en Laternepfohl. Der Polizischt sait: »Des Fahrrad muaß weg, dohana kommt glei en Bundesminister vorbei!« »Des macht nix, i hon's jo abunda!«

Marlies Grötzinger:
Dr Werner, mei Nuier

Also, i muss Ihne ebbes eibstanda: Seit a paar Wocha hau i en Nuia. Eigentlich en ganz nettr Dengr. Werner hoißt er. Ond der isch gscheid!! Sie, der woiß fast alles! Scho wo i 's erste Mol sei Stemmle ghört hau, be i ganz aweg gwea. Wia sellamol als jongs Mädle. Seither will i bloß no mit ehm verreisa.

Obwohl i scho ens Zweifla komma be, weil er manchmol so ogattige, fascht gfährliche Sacha von mir verlangt. Flüsteret der mir doch letschte, wo i ehn gfroget hau, wia i da Kundadienst find, zua, i soll gradaus iber da Kroisverkehr nom fahra! Sie, do hätt i müssa iber en Mords-Dreckbuckel driebet. Des hättet dia frisch eipflanzte Bäumla gar it iberlebt ond mir wahrscheinlich au it. I be jo 's Folga eigentlich gwöhnt, aber sellamol be i so verdatteret gwea, dass i 's sei lau hau.

Vor ema Weile isch eiser Bussasch uff a harta Prob gstellt worra. I hau wella mei Freindin bsuacha em Allgäu doba ond dera mein Nuia, mein Werner, zoiga. Zerscht hot au älles battet. Mir hand ganz nett mitnand gschwätzt uff dr Fahrt. Er hot mir gsait, wo 's lang goht, ond i be pfeifend hendr em Lenkrad ghocket. Zmols hoißt er mi links abbiega ond schickt mi a schmals Sträßle hoch, ama oizechta Baurahof vrbei ond weiter da Berg nauf. Des Wegle isch emmer enger worra ond desch mir glei a bissle gspässig vorkomma. A paar hondert Meter weiter be i bloß no uff ma Grasweg romghopplet. Mittlede en ra nassa Wies denn, kurz vor em Waldrand, isch mir schließle dr Karra agstorba.

A Bauer mit Bulldogg ond Lachafass isch dr oizig Mensch weit ond broit gwea. Der Soichfasspilot hot ganz ogeniert reigucket zu meim Werner ond mir. Aber er hot it gseah, was er hätt seah wella, weil i so narret worra be ond mein Werner gheerig abäfzget hau. Ond der, wisset Se was, der sait bloß seelaruhig ois oms andr Mol: »Sie haben Ihr Ziel erreicht! Sie haben Ihr Ziel erreicht ...«

Do hau i gwisst: Au uff den Kerle isch koi Verlass! Dr Werner ka mir ge nudla komma! Ab sofort fahr i wieder mit dr Landkart ond des nuie Navi gib i zruck!

Bernhard Bitterwolf: **Mercedes-Benz**

1. Liaber Gott, bitte kauf mir en Mercedes-Benz, dass d'Leit au glei sehet: Mensch, freile, dia hent's! Woisch, so a tolls Fahrzeug schteigert d'Potenz. Oh Gott, bitte kauf mir en Mercedes-Benz.

– 2 –
Liaber Gott, ois muasch wissa, es fliagt jede Frau
auf dr Stern auf dr Hauba, i woiß des fei gnau!
Egal, ob er weiß isch, ganz schwarz oder blau,
au wenn i en Bauch hon, en Benz wär a Schau!

– 3 –
Liaber Gott, bitte denk au an's nöt'ge Kleigeld,
dr Sprit isch heit deier, so isch's auf der Welt.
I sott halt au fahra, sonsch bin i koin Held.
S hoißt: De'sch der, der sein Benz bloß am Randstoi
abstellt.

– 4 –
Liaber Gott, bitte glaub mir, i verzicht au reacht gern
auf Essa und Trinka, i brauch bloß en Stern.
No kommet dia Mädla von nah und von fern.
Liaber Gott, woisch, auf Mädla verzicht i ugern!

Oma Paula: Die Spitzen der Behörden

En kleiner Bua hot deffa mit'm Vatr auf a Fescht ganga und frogt: »Babba, was sind des für oine, do vorne an dem Tisch?« Drauf dr Vatr: »Des sind dia Spitzen der Behörden!« No hot des Büable so gucket und hot gsait: »Heiligsnei, des sind aber runde Spitz!«

Erika Walter: Der Volksvertreter

Er war Volksvertreter und hot mit Fueßtritt sein Schtandpunkt vrtreta. Jetzt wird'r voma andera Volksvertreter vrtreta, der vrtritt dia Auffassung, dass ma mit Fueßtritt koin Schtandpunkt vrtreta ka. Drum vrtritt'r liaber Interessa von Wirtschaftsvorschtänd und isch oft bei Vertreterversammlunga als Interessavrtreter vrtreta.

Hermann Rehm: Schulteswahl

Ma sott en wieder wähla,
dr Schultes zieht Bilanz.
Duet vor de Leit verzehla
en ganza Rattaschwanz.

Lot lang und broit verlauta,
was er häb älles g'schafft,
an Stroßa und an Bauta,
zum Wohl der Bürgerschaft.

Er lobt se gar it wenig,
bis in da Himmel nauf,
über da Schella-König,
da Georg regt des auf:

»Brauchst koine Sprüch it macha,
descht 's Oifachst uf dr Welt,
reacht große Brötla bacha
mit ander Leutes Geld.«

Erika Walter:
Feriengäscht aus Schtueget

En Feriengascht in Langenarga
hot en Rausch,
en ganz en arga,
sein Freind isch au it hasarei,
au er hot z'viel Kressbronner Wei.

Von Schtueget sind dia zwoi heit komma,
se hond a Woch sich Urlaub gnomma,
dr See und d' Berg – des isch zum Schießa -
hond se doch wella zerscht geniaßa,
schtattdessa hond dia boide Lalle
am erschta Dag en riesa Balle!

Se dorglat nab zum Badeschtrand
und übergeabet sich am Rand.
Dr Wirt denkt sich: »Ach, lass se laufa,
in Schtueget mond ses wieder saufa!«

Hermann Rehm:
Sauna

Bischt au schau in dr Sauna gsei?
i bin des no nia.
Do derf ma jo bloß nacked nei,
do schäm i mi und wia.

Und schwitza där ma, wie die Sau,
do sei's so fürchteg hoiß.
So a Kur, dia ischt mir z' rau,
i komm it gern in Schwoiß.

Und noch der kalte Wasserguss,
der trifft oin wia dr Blitz.
Drum bleib i us dr Sauna hus,
und guck, dass i it schwitz.

Marlies Grötzinger:
Oin Virus laicht da nägschta

Bis vor a paar Johr hot ma bei eis fascht bloß da Grippe-Virus kennt.

A baar Käpsela vielleicht no en Computervirus. Aber seit a paar Johr womselet's bloß no vor lauter Vira: Se nommet so iberhand, dass se scho Näma grieget – Abkürzonga mit Großbuchstaba: HIV beispielsweis oder BSE. Oder sogar mit Buchstaba ond Zahla wia H5N1 für da Erreger von dr Vogelgrippe oder H1N1 für den von dr Schweinegrippe. Mol gugga, welle Viecher als nägschte herhalta müsset.

Solang d' Fachleit no mit dene Bazilla beschäftigt send, vermehrt sich a saumäßig rabiater Virus drweil ganz hälenga. Des isch dr B-L-E-D-Virus, kurz BLED-Virus. Dr Wissaschaftler Dr. Gerhard Raff uss Degerloch hot scho lang vor dem gwarnet, aber uff den hot jo neamed gloset.

Der BLED-Virus isch viel gfährlicher als wia BSE, HIV ond dia H ond Ns zemma. Der greift rasend schnell om sich ond koi Mensch woiß, wie viel Leit er scho agsteckt hot.

Hauptüberträger isch des Dooferlesfernseha ond dia nuie Programm, wo wia Pilz uss em Boda schießet. Sogar bei eis Oberschwabe geit's jetzt so en Sender. Speziell für Alzheimer-Patienta, weil do kommt all halb Stond 's Gleiche ond des da ganza Obend lang!

Aber zruck zom BLED-Virus. 's Gfährlichscht an dem isch, dass dr Auslöser – eba dr Guckkaschta selber – immun gegen isch. Bloß dia Glotzegucker vor em Bildschirm sand betroffa. Ond moischtens isch der BLED-Virus so wuselig, dass d' Leit gar it tschägget, wia iberzwer se scho sand. Do hilft koi Notschlachta wia bei de H ond Ns oder bei BSE. Do hilft bloß ois ond des isch: abschalta!

Bernhard Bitterwolf: **Sport**

1.) Jog - ga, wal - ka gol - fa mö - get heit vie - le Leit. Ska - ta, sur - fa, squa - sha, was es it al - les, was es it al - les, was es it al - les geit. Ma, treib Sport!

Dan - za, ki - cka, klett - ra treibt dr Schweiß auf dia Stirn. Fit - ness ü - ber al - les, was hont dia bloß im, was hont dia bloß im, was hont dia bloß im Hirn?

Refr.: I dua lia - ber sin - ga, spar drbei ganz viel Geld! I dua lia - ber sin - ga, weil's Sin - ga mir so ge - fällt! I dua lia - ber sin - ga, hock auf dr Ofa - bank; zum Sport muaß ma mi zwin - ga: Schwitza macht mi krank!

– 2 –
Stretching und Aerobic –
Waschbrettbäuch hont heit viel,
doch i hon im Body do drfür ganz viel G'fühl.
Männer ohne Ranza wirft jedes Windle um.
Sixpack, noi, a Fässle – no stohsch it krüpplig rum!

– 3 –
Schwarzwurstring und Obstler,
des isch's beschte Doping.
Mir gfällt essa, trinka und au aktiv schmusing!
An dr Theke loina, Freid hon a ma Glas Wei,
dobei sportlich gucka, was könnt denn schöner sei?

Hugo Breitschmid: **Krachmusik**

Allweil schneller dreht sich d'Welt,
Tempo, Tempo, Zeit isch Geld,
koiner ka meh ruhig sitza,
do ond dettna muas ma flitza,
übrall goht's no lauter zua,
fendschd bald neana meh a Ruha.
De Junge brauchet einen Sound,
dass bebt ond kracht em Underground,
ond so was nennet se Musik,
do kriagscht 's Ohraweh em Gnick.
Ma muas sich froga, was des isch,
wenn du jonge Mädla siehscht,
dia en Trance nix meh denket
ond bloß no Händ ond Ärm verrenket,
weil auf d'r Bühne so en Dackel,
mit Mikrofon ond Arschgewackel,
so laut, dass lauter nemme goht,
a Paar Urschroi fahra lot.
Ond Trommla hend se au drbei,
do hauet se dermaßa nei
ond verstärket's no mit Watt,
dass 's alt Häusle en d'r Stadt
faschtgar nemme zammahebt,
weil vom Drommla d'Erde bebt.

Do wensch i mir en Schtromausfall,
noch wear's aus mit dem Krawall,
nix dät bleiba von de Stars,
ohne Strom zoigt sich, des war's.
Büabla send's, wo sich jetzt schemmet,
weil se gar it senga kennet.

Oma Paula: Bibelsprüch

Dr Pfarrer trifft auf dr Stroß a Bäure und frogt, wia's au so goht. Dia Bäure: »'s goht scho reacht. Bloß morgens schtoht unser Bua it auf und no wird immer gstritta!« »Ha«, hot der Pfarrer gsait. »Etz probieret's mol mit Bibelsprüch!«

Am nächste Morga goht d'Bäure en d'Kammer vom Sohn: »Jüngling, ich sage dir, steh auf!« Antwort: »Frau, meine Stunde ist noch nicht gekommen!« Dr Vatr hot des unta an dr Stiege ghört, goht mit ema Stecka wutentbrannt nauf ens Zimmer von deam Bua und hot d'Zuadecke glupft. Der Bua verschrickt und schreit: »Vatr, mein Leib ist ein Tempel des Heiligen Geistes!« »Des woiß i, drum verhau i dir au bloß d'Sakristei!«

Oma Paula: Hoimweh

En Chinese isch zum Friseur. Er wollt en Hoorschnitt und a Rasur. Leider isch bloß dr Lehrbua do gwea. Etz hot der Lehrbua den Chinese beim Hoorschneida ins Ohrläpple gschnitta und noch no beim Rasiera in d'Backa neigschnitta. No sind dem Chinese zmol Träna ragloffa. Der Lehrbua sieht's und sait: »Gell, du hosch Hoimweh?!«

Oma Paula: Dr Hund von dr Dante

En dr Schual hont se über d'Haustiere gschwätzt. Dr Lehrer sait: »Ma darf nie einen Hund küssen! Des isch ungesund!« No hot so en kloine Kerle gsait: »Herr Lehrer, des schtimmt! Unser Dante hot immer ihren Hund verküsst – etz isch er gschtorba!«

Oma Paula: **Huasta**

A alts Male hot en ganz schlimme Huasta ghett, isch en d'Apothek ganga und hot ebbas wella für sein Huasta. In dr Apothek war bloß dr Lehrbua do. Etz hot der Lehrbua dem Male für den Husta a Fläschle Rizinusöl gea. Des hot der trunka und isch ganga. Noch ema Weile isch dr Apotheker komma und hot gfrogt: »Isch a Kundschaft do gwea?« »Jo, a alts Male mit ema ganz schlimme Huasta! I hon em a Fläschle Rizinusöl gea, des hot der trunka und isch ganga.« No hot der Apotheker gsait: »Mensch, du spinnsch doch! Rizinusöl, des führt doch ab, des hilft doch it bei ema Huasta!« Noch hot der Lehrbua gsait: »Herr Apotheker, glaubet Se des it! Gucket Se mol do naus. An dem Laternepfohl, do loinet des Male. Glaubet Se mir, der traut sich koi Hüasterle meh doa!«

Oma Paula: **Männer und Hundle**

A Frau verzehlt ihra Freundin: »Du, mein Ma lauft immr de junge Mädle hinterher, aber der woiß it worum!« Noch sait dia Freundin: »Oh woisch, mein Hund springt au immer de Auto hinterher – und ka gar it fahra!«

Oma Paula: **D'Fluiga**

's Weib hot ihrem Ma en Fluigabätscher gea und hot gsait: »I gang etz zum Eikaufa und solang i fut bin, schlägsch du in dr Kuche dinna dia Fluige dot!« Wo se wieder hoimkomma isch, hot se gfroget: »Etzat, hosch oine verwischt?« Er drauf: »Jo, fünf Stuck! Drei Male und zwoi Weible!« No hot sui gsait: »Wieso woisch etz du, dass welches Male sind und welches Weible?« » Jo woisch«, hot'r gsait, »drei sind auf'm Bierglas g'hocket und zwoi auf'm Telefonhörer!«

Unser Sproch

Rösle Reck: **Urschwäbisch**

En Gongeler gongelet, schlendert ziellos umher.
En Tremmler tremmlet, verweilt sich zu sehr.
En Schiaker schiaket, er schlürft auf den Sohlen.
En Schlorper schlürft auch, Zehen einwärts gezogen.
En Trialer trialet, giaßt Glufa, er sappert.
En Goscher goschet, wenn er laut, wütend plappert.
En Bruttler bruttlet, schimpft leise, verbissen.
En Pläärer plääret, weint heimlich in's Kissen.
En Fuuseler fuuselet, der tut gern scharwenzeln.
En Griffler, der grifflet rom an jungen Menschlen.
En Dooper kann d'Händ' auch nicht bei sich behalten.
Ein Weifler wankt rum, kann den Kurs nicht halten.

En Nualer nuelet, schafft jahrein und jahraus.
En Krauterer schafft auch, doch 's kommt nichts dabei raus.
En Hauner, der hauneret, der kriegt nie genug.
En Gischpl ist nervig, zerbricht manchen Krug.
En Schnaiker schnaiket, es schmeckt ihm nicht sehr.
En Daiber kaut 's Essen noch lang hinterher.
En Krattler tut sich beim Bergsteigen schwer.
En Gritter, verklemmt, ganz sicher noch mehr.
En Dutscher dutschet, er stößt mit dem Kopf.
Dochtalos, das ist ein ganz armer Tropf,
so wie eine Kerze ohne Docht, ohne Leben.
En Micker micket, muss bremsen halt eben.
En Dreesgr seufzt schwer, wird's für ihn richtig schwierig.
En Schmääre ist einer, der glatt ist und schmierig.
En Loschore loschoret, spioniert alles aus.
En Tribulant tribuliert, dass man kommt aus dem Haus.
En Lappohre ischt läppisch, des kennt ma schau.
A Pflootscha pflootschet, en deam Fall a Frau,
dia müed sich uf en Stuehl falla lot
ond drbei a kleibitzle Übergwicht hot.

A Schnättera schnätteret, schwätzt so viel se bloß ka.
A Grampere jammeret 's ganz Zeit vor sich na.
I woiß, dass-es Schlutta ond Galschter noh geit,
doch will i's guet sei lau jetz mol für heut.

Ingrid Koch: G'schwätzte Sproch

»Sprache«, schtôht im Herders Konversationslexikon von 1907, »Sprache ist die Fähigkeit, durch artikulierte Laute, also Töne und Geräusche, Mitteilungen zu machen.« Auf Schwäbisch hoißt des nix anders wia: ebbes zuenander sage. Oder ebber ebbes vorsage. Oder ebber ebbes nôchsage, also ebbes ebber über ebbern weitersage – ma ka au ebbes ei'sage, durchsage, a'sage, wahrsage, kurz g'sagt: 's isch oifach sagenhaft, was me mit de Sprôch alles a'fange ka. Alloi scho mit ihre viele Klangfarbe: Dô gibt's melodische und schebbrige, woiche und boggelharte, nüchtern-kalte und herzenswarme – und mit weller Sprôchfärbung me denn schliaßlich für's ganz

Läbe g'segnet oder g'schlage isch … des wird scho an de Wiege entschiede. So wia dô in dei niedlichs Öhrle neigschwätzt wird, so lallt's irgendwenn amôl wieder z'rück … und des klingt im Glücksfall nadierlich schwäbisch, also melodisch, woich und herzenswarm – was au sonscht. Aber des woiß jô jeder!

Was au jeder woiß: »Sprache lebt.« Folglich isch au dia schwäbisch Sprôch ebbes Läbigs und somit Veränderlichs.

Sia entwicklet sich, wachst und blüaht auf, unter günschtige Bedingunge ka se sogar richtig reich werre, manchmôl isch se au a bissle eitel und g'fallt sich, wenn se ausgschmückt wird. Andrerseits lôsst se sich gern beherrsche … ka manchmôl aber au, wenn se scho so zirka zwölf, dreizeah Jährle auf de Zunge liggt, zwischendrin kränkle, blass werre, abmagre und eischrumpfe.

Im Klartext hoißt des: In de Pubertät ändert sich au beim Schwôb d'Wortwahl und de Ausdrucksradius ganz beträchtlich und mündet id selte in en völlig oigene Sprachkosmos, zue dem mir Alde verständnistechnisch koin Zuegang meh hend. Des isch denn dia sogenannte Jugendsprôch, und dia wieder isch a Art

Geheimcode mit oigener Grammatik, sprich: mit gar koinre, eher reduziert auf verschlankte, ausdünnte SMS-g'schädigte Informationskürzel mit re magersüchtige, aber klare A'sag: »S'isch doch voll Panne (bescheuert), keimig (widerlich), wenn dia Ellies (Eltern) oin zwinget, Bienekotze (Honig) z'fueddre, bevor me in de Bildungsschuppe (Schule) zue de Tafelglotzer (Streber) muess. Dene setzt doch s'Laufwerk (Hirn) aus. Womeglich no vorher in de Murmelschuppe (Kirche). Dia hend doch Hirnblähunge (doofe Idee), dia Terrorkrümel. Und dô sollscht no cremig (gelasse) bleibe ...

Doch dia verbale Verirrunge gebet sich mit de Zeit wieder, dôfür sorgt denn scho d'Berufsausbildung reschpektive 's Studiere. Oder, wenn me zum Schaffe muass. Oder heirôte. Des vor allem! Mit Halbsätz kommt denn au en maulfaule Schwôb nemme aus. Dô hoißt's denn, wieder richtig schwätze. Am A'fang zärtlich mitenand, später denn scho eher durchenand und nôch dreißg Jôhr manchmôl au anenand vorbei. Doch des macht nix, als Schwôb verschtôht me sich wellewäg; d'Hauptsach, me schwätzt überhaupt. Erscht im hohe Alter saget dia Mensche nemme viel.

Und wenn me se frôget, warum se so still sind,
denn moinet se: »Ha, was soll me au no sage?
's isch doch all's gschwätzt …!«

Rösle Reck:
D'Mama- oder d'Omasproch

Komm rei', mei Kind, mei Butzele.
Oje, bischt du a Hutzele!
Jetz duet ma nemme sandela.
Lass seha, i wäsch dir d'Handela.
Au s Fiedele ond d'Knui
sind vola Dreck, bäh pfui!

Ond onda feicht, wia ischt mr's gauh?
I glaub, du hoscht gar laufa lau!
I moi, mr dand's glei bäderla
ond it lang romtätäterla.
Do, nimm mit nei ins Wännele
dei Wackele ond s Schwänele.

So, jetzala kascht pflaadera,
do nimmt's dr deine Klattera.
Au d'Häärla soifet mir noh ei.
Mach d'Äugla zua, suscht brennt's de glei.
Us Schom mach dr a Schäuperle.
So, jetz bischt wieder säuberle!

I wickla di ens Duchele
ond leas dr us deim Buchele
a Gschiechtla an deim Bubbele.
Do hoscht dein Bär ond s Puppele
ond noh a kleis Betthupferle.

Mei liabs A-mi-na-Schlupferle,
wia des oim Ahla gea ka
ond Kussela an Backa na!
Etz bettescht noh awengele
zom Chrischtkind ond Schutzengele
ond noch machscht zua dia Guggerla
ond duescht bis morga schnuggela.

Marlies Grötzinger:
Dackel, Halbdackel ond andere Leit

Halbdackel. Ja, du Halbdackel, du! Wenn des ebber zu Ihne sait, isch's Hai honda, ha-no! Halbdackel isch nehmlich oins von de ärgschte Schempfwörter em Schwäbischa ond des geit's jo gwieß gnuag.

Als Halbdackel gschempft zom werra isch viel mender wie bloß als Dackel. Dr Halbdackel isch sozomsaga d'Steigerong vom Volldackel – wia Volltrottel vom Trottel.

Für Schwoba isch's also schlemmer, wenn oiner en Halbdackel isch wie en ganzer. Logisch isch des it. Ond iberhaupt: Schwoba machet doch eigentlich koine halbe Sacha it. Weder beim Schaffa no beim Essa ond scho gar it beim Schempfa.

Zruck zom Halbdackel. Des isch also oiner, dem wo's it mol zom Dackel roicht. Aber worum muss grad dr Dackel herhalta? Wenn scho en Hond, gäb's do it no en dackelhaftera?! »Ha jo, Dackel sand halt kleine Hondla ond drom moinet dia, se müsse oft ond bsonders laut bella«, saget se ond des isch jo bei de Leit oft au aso.

Aber wieso isch der Halbdackel bloß halba? Wella Hälfte fehlt dem? De hendr oder de vordr, de reacht oder de lenk? Vor lauter Romsenniera be i halba hee worra. Brehms Tierleba hilft Ihne do fei au it weiter. Aber des hand Se sich jo scho halba denkt, oder?

Ha, der Halbdackel muss doch schlemme Gleichgewichtsstöronga hau. Des Vieh keit jo ällbott om – ohne Stützrädla. Also em Tierreich wär des scho lang uff dr Rota Liste ond vom Aussterba bedroht.

Bei de Leit sieht's a bissle anderscht aus. Do sand d'Halbdackel gar it so rar. Dr Cem Özdemir, a ganz hochs Vieh en dr Greana-Partei, hot nehmlich amol gsait, en dr Politik häb er's öfters mit so oine zom doa …

Erika Walter: **Kehrwoch**

Wer in dr Kehrwoch it kehrt, woiß it, was sich ghert.
Wer sich desweaga beschwert, it ins Schwobaland ghert,
weil sichs oifach ghert, dass ma wöchentlich kehrt.
Dät mas it, wärs vrkehrt, weil dr Dreck sich vermehrt
und oim 's Kehra erschwert.
Au wenn d' Schtroß längscht scho teert isch,
macht sichs besser, wenns kehrt isch.
Ganz sicher koin Wert hot bei uns, wer it kehrt hot,
drum, wenn ebber kehrt, wird'r wenigschtens geehrt.
Hosch scho 's Neieschte khert?
Unser Nochber, der Preiß, kehrt etz au mit viel Fleiß,
wia bei uns sich des ghert,
desch fei au ebbes wert.

Erika Walter: **Dinna und duss**

Dr Bauer hocket dussa
auf dr Bank an der Schussa,
unterm Baum mit de Nussa.

D' Bäure isch dinna,
se hot d' Henna scho hinna,
do schreit dr Bauer von dussa:
»Sind d' Goißa no hussa?«
Drauf schreit se von inna:
»S'isch alles scho dinna!«

Ganz aloi hock i hussa,
unterm Baum mit de Nussa,
denkt dr Bauer do dussa
und schpuckt kurz in d'Schussa.

Do kommt d' Bäure von dinna,
sait, dr Moschtkrueg dei rinna.
»No loß en doch rinna,
's isch jo nimme viel dinna.
Etz gosch wieder nei,
schenksch a neis Kriagle ei.

Aber nochher bleibsch hussa,
sitsch auf d' Bank an dr Schussa
unterm Baum mit de Nussa,
do trinkemer Moscht,
weil der uns it viel koscht.
Bringsch au glei no en Käs,
no isch dr Moscht it so räs.«
Sait dr Bauer zur Frau
und des duet se noch au.

Jetzt sitzet se hussa
auf dr Bank an dr Schussa
unterm Baum mit de Nussa.
Sia wär liaber amol dussa,
vielleicht auf em Bussa,
als wia all an dr Schussa.

In da Moscht fallt a Nuss.
Schluss.

Erika Walter: **Ma mäh!**

Se sait zum Ma: »Mäh!«
»I ma it mäha«, sait dr Ma.
Sia moint, ma müeß mäha!
»Aber i mäh it«, sait er,
»wenn ma mäht,
mueß ma glei meh mäha!«
»No mäh meh!«
»I mäh it meh,
i ma it mäha!«
»Wenn da it mähsch, noch –«
»Was noch?«
»Noch mäht halt en Andera.
Einer, wo mäha ma!«
»Noch mäh e halt,
obwohl i it mäha ma!«
»Gib a Ruha Ma, mäh!«

Bernhard Bitterwolf:
Leberwurscht-Kanon

I mag so gern a Leberwurscht, denn Leberwurscht, dia macht mir Durscht. Und hon i dann en scheena Durscht, dann isch mir au mei Leberwurscht!

Erika Walter: Macht

Se sait: Ihra Ma häb dohoim d'Macht!
Er macht d'Betta,
er macht d'Kehrwoch,
er macht d'Eikäuf
und er macht se glücklich!

I mecht bloß wissa, wia dia des macht?

Essa und trinka

Bernhard Bitterwolf:
Liad vom Kartoffelsalat

Refr.: Kar - tof - fel, Erd - äpfel, Bo - da - biera, ois muasch unbe - dingt pro - biera: Wenn ma en Sa - lat drus macht, spürsch du, wia dei Herz - le lacht! Fine

1. Kennsch en Sa - lat, der rich - tig schwätzt, kennsch en Salat, den je - der schätzt? Ob's Sonndig oder Werf - dig isch: Kar - tof - fel - sa - lat muaß auf dr Disch!

– 2 –
Willsch du mol wissa, ob dei Frau
kocha ka, dann nimm's ganz genau,
looset, Leit, heit auf mein Rat:
Probier ihren Kartoffelsalat!

– 3 –
Wia sott so en Salat denn sei?
Wia schmeckt so en Salat denn fei?
Isch'r furztrocka, werr i blass:
Kartoffelsalat sott sei soichnass!

– 4 –
Wenn dei Verdauung it funktioniert,
hosch du des scho mol ausprobiert:
Mit Salat kasch Bäum rausreißa
oder aber au hinter Bäum num … gucka!

– 5 –
Und hängt dr Eheseaga schräg,
so was gibt's au an manche Däg,
a Zeahle Knoblauch dann neidruck,
noch kommt dia Liab glei wiedr zruck!

– 6 –
Wenn d'älter wirsch, verlirsch dr Schwung,
Kartoffelsalat macht wieder jung.
Sexy wirsch, wia einst im Mai,
Kartoffelsalat hilft mit drbei!

– 7 –
Ois, des isch sicher, liabe Leit,
Kartoffelsalat dir Kraft verleiht!
Hilft er it, was machsch dann bloß?
Ganz oifach, dann gibt's Spätzla mit Soß!

Erika Walter: **Der Hefezopf**

E' Frau hot samstigs früha um acht
en Hefedoig von Hand schnell gmacht.
Dr Ma, der arg vrwöhnte Tropf,
will sonntigs halt sein Hefezopf.

Jetzt sott dr Doig a' Weile ganga,
des kasch it von dr Hef' vrlanga,
wenns eiskalt isch im ganza Haus.
Ausgreachnet fallt dr Schtrom grad aus.

Se wett doch schnell ins Schtädtle laufa,
fürs Wochaend no s' Eassa kaufa,
wo na jetz bloß mit dera Schüssel?
Se schlupft in d' Schuha, suecht ihre Schlüssel.

Do plötzlich kommt 'ra a Idee!
Wia hots doch ihra Ma so schee,
er liegt im Ehebett so warm,
henkt zue dr Bettlad naus sein Arm
und isch in diafa Schlof v'rsunka,
gescht Obed hot'r scheints z'viel drunka,
drum schloft'r heit, solang 'r will.

Se schleicht sich an sei Bett ganz schtill,
schiabt d' Tupperschüssl unter d' Decke,
mit Deckel, in de hinderscht Ecke,
und denkt: Dia Tempratur kennt langa,
do ka des Doigle gmiatlich ganga!

Drweil rennt se ins Schtädtle nei,
kauft fir da Sonntig alles ei.
Se hot nix anders meh im Kopf
als ihren dumma Hefezopf.
Bald schdohd se wieder vor em Haus,
vielleicht ischr scho oba naus,
denkt se und got nei zur Dira,
jetz schnell ans Bett, koi Zeit vrliera.

Prompt rennt se gega ihren Ma,
der guckt grad seine Zeha a,
dia sind vom Hefedoig vrbäbbat.
Er schreit: Sia sei scheints langsam däbbet!
Erscht grad sei er auf jeden Fall
vrwachet ama Riesaknall,
wahrscheinlich häbs dr Deckel glupft,
er sei vor Schreck an d' Decke ghupft,
glei drauf – er sei doch nimme bsoffa –
sei's warm an seine Zeha nabgloffa.

Schnell holt se d' Schüssel aus em Bett
und schtürzt dr Doig aufs Nudelbrett.
Jetz nomol kneta zua ma Bolla,
noch doila in drei lange Rolla,
dia wieder fleachta zua ma Zopf –
do schiaßt 'ras plötzlich durch da Kopf –
se hot zum Bacha jo koin Schtrom!
Gschwind rennt se no ans Telefon.
Dr Hausherr kommt au glei vrbei
und dreht e' neie Sichrung nei.

Und jetz no schnell a Oi vergläbbra,
mit em Binsel auf da Zopf draufläbbra.
Inzwischa isch dr Ofa hoiß,
scho schtoht 'ra auf dr Schtirn dr Schwoiß.

A halbe Schtund, dr Zopf isch bacha,
etz ka se endlich wieder lacha.
A Prachtschtück fördret se ans Licht
und wia der duftet – e' Gedicht!

Dr Ma hot sich inzwischa duscht,
verfloga isch drweil sein Fruscht,
er schtreckt in d' Küche rei dr Kopf
und moint: »Dank mir, dr schönschte Zopf!«

Am Frühaschtücksdisch – 's ischt Sonntigmorga –
duet sich dr Sohn mit Zopf vrsorga,
er findt, der häb heit a Aroma,
do bring er glei a Schtück dr Oma,
und des Rezept, des suprgute,
kopier er für sei Freundin Ute!

D Frau lacht vrschmitzt und sagt zum Ma:
»So e' Tempratur bringt dia it na!«

Bernhard Bitterwolf: **Tischkanon**

1. Beim Es-sa und Trin-ka, do gibt's neu-a Muat. Ge-stärkt und zu-frie-da schafft sich's dop-pelt so guad. Drum iss, trink und spür sel-ber, wia guad dir des duat!

2. ... lacht ...

3. ... singt ...

... schläft ...

Rösle Reck: **Schwäbische Speiskaat**

Eis als Kinder, ganz aogloga,
hot ma früher rau aufzoga.
Koine Schnitzel, koine Pommfritt,
halbe Göggela glei gar it,
bloßgrad so amol zom Gluschta
weags dr gueta, brauna Kruschta.
Schaschlik haun-i au als Kind
überhaupt noh gar it kennt,
ond sogar dr Tooscht Hawaii
ischt mr it geläufig gsei.

Uf-em Herd isch's Z'Morga gstanda
's Habermues. Ond us dr Standa
hot's drzua gea en Wisch Kraut,
»well's noch bsonders guet vrdaut«,
so hot amml d'Nahna gsait,
»ond well's au glei d'Würm vrtreibt.«

Suppa gea hot's am Mittag.
Des ischt oft it noh meim Gschmack
gsei. Drom ben-i au it grota.
»Iss, des geit en gueta Boda«,
hot noch d'Mama gmoit ond gschöpft.
Öfter hot's drweaga klöpft.

Noch hau diefet i ond gschnupft.
Neabaher hot's me noh glupft.
Bis dr Vadder mol hot gsait,
's Hoikel-Sei gäb wiaschte Leut.
Des seah ma mir heut schau a,
so griag i gar nia koin Ma.

Des wär bitter, haun-i gfunda.
Also hau-me überwunda,
semmr grad vrgega gschwomma
d'Häut vo Erbsa oder Bohna.
Denn ma hot noit könna mixa,
's hot nix gea us Beutel, Bixa.

Floischbriah, feine Flädla drin,
Nudlasuppa vo-ra Henn,
des hot's bloß am Sonntig gea,
drufna d'Henn, geteilt durch zeah,
oder aber räs, ond wia,
Spätzla en-era Schinkabriah.

's Floisch, wo em Kamee ischt ghanget,
hot bis naus halt oft it glanget.
So hot's noch am Wochadag
efter Griasmues gea, en Schlag,
oder au amol Buabaspitzla,
Epfelmues ond Epfelschnitzla,
Headepfel ond Luckeleskäs,
Dampfnudla, mol süeß, mol räs,
Epfelkratzet oder Pfludda,
zogene Küechla ond Krautnudla,
Mauldascha ond Epfelkrapfa
oder Schleiferbriah, en Hafa,
Käs- ond Kraut- ond andere Spatza,
zwischanei amol en Pfaffa
saure Flädla, saure Kuttla,
Dürrobscht- ond Headepfelnudla,
ond, für mi fascht gar a Folter,
Mues vo Zwetschga oder Holder.
Aufläuf mol mit Reis, mit Grias,
freile au Salat ond Gmües
us-em Gaata. Ma hot det
Küehlschrank noit ond Gfriere ghet.
Drom, was übrig gsei ischt, ällz,
des hot Ei'gmachts gea ond Gsälz.

Drom sind au im Keller gstanda,
Kraut ond Bohna in de Standa.
De süeßsaure Kürbisschnitz
hand mir Kinder oft stibitzt.

D'Mama hot noh selber bacha.
Kuecha, Torta ond so Sacha
it. Bloß was mir heut noh kennet,
»Bretschela« oder au »Dennet«,
gschmiert mit Butter oder Schmalz,
bstrait mit Kemme ond mit Salz.
Oder se hot Doigla gmachet,
oba drufgleert ond mitbachet,
gmischt mit Zwiebel ond mit Lauch.
Do hot's grumplet noch im Bauch!
Au mit Epfel ennadenna
hot's mei Modder bsonders kenna.

Des ällz hot ma friher gessa.
Vill drvo ghört onderdessa
längscht zu de Delikatessa.

Erika Walter: **Zogene Kiachla**

Heit wäscht sich d'Oma d'Knia,
des macht se d'Woch durch nia,
weils heit zog'ne Kiachla geit,
was da Opa bsonders frait.
Dia grotet bloß – ugloga –
hot mas übers Knia numzoga.

Rösle Reck: **Dr Moscht ischt en Siach**

Frisch vo dr Press,
oder zapfaräs.
So en ganz nuia Moscht,
wenn de vo deam
z'vill dronka hoscht,
noch bringt der di
vielleicht uf Trab,
zom WC wead do
d'Zeit fascht z'knapp.

Trinkscht du drgega
Moscht vom Fässle,
vrgorna.
Noh-em zehnta Gläsle,
hot der a andere
Wirkung schau,
denn noch kascht kaum meh
richtig stauh.

Früher und heit

Hermann Rehm: **De guet alt Zeit**

Früh'r hot ma d'Feldweg gmäht und ghaied,
statt Kaugummi a Brotrind daied.
A Bier hot's bloß am Sonnteg geha,
a Schinkawuscht hoscht selta gseha,
drfür a Viehvereins-Floisch, a zähs,
a Schlottermill, en Luggaleskäs.
Gfahra ischt ma mit em Rad,
hot badet im a Zuberbad.
A Fitness-Center hot's it braucht,
seinerzeit hot d'Arbed gschlaucht.
's Handwerk, d'Baura, jeder Stand,
hot älles gschaffed mit dr Hand.
Wenn oiner hot gnueg z' essed ghet,
a Wohnung und a oiges Bett,
noch hot er könna z'frieda sei.
Heit fährt ma Auto und trinkt Wei',
isst's Feinste von dr ganza Welt,
macht Urlaub, hot für älles Geld
und doch schwätzed so vill Leit
no von dr gueta alta Zeit.

Marlies Grötzinger:
Erziehung mit em Strubbelpeter

Iber kaum a Thema ka ma so guet streita wia über d'Erziehung von Kendr. Am beschta wisset jo emmer dia, wia mer's macht, wo gar koine hand. Wenn ma dia hört, also des wäret de perfekte Lehrer. Bei dene dät's koi Gebläre gea an dr Kass em Subbrmarkt ond koi Gemaule dohoim am Esstisch. Überhaupt dät's bloß aständige Kendla gea, weil jeder Mensch jo von Natur aus guet isch – wenn ma ehn bloß it so gwalttätig verbiega dät em Lauf von dera guat 17-jähriga Dressur.

Manchmol frog i mi echt, wia mir eigentlich groß worra sand, en de fuffzger, sechzger ond siebzger Johr vom voriga Johrhondert?! Wo 's noit hondertfeifasiebzg Erziehungsratgeber ond vierazwanzg verschiedene Beratongsstella gea hot. Wo ma oifach neabazua aufgwaxa ischt, zemma mit ma Stall voll Gschwistr ond Nochberskendr. Wo ma da ganza Middag uff dr Gass romgspronga isch, barfueß von Meez bis en November nei ond ma »Gigampfa, roggastampfa« gspielt hot.

Wo dr Strubbelpeter vom Dr. Heinrich Hoffmann 's wichtigscht ond moischtens 's oizig Kendrbuach gwea isch. Obwohl se do ama Daumalutscher oifach da Dauma agschnitta hand, 's Paulinchen verbrennt ischt, weil se mit de Schweafala zendlet hot. Ond se oin, wo koi Suppa it gessa hot, oifach hand sterba lau. Ond dr Zappelphilipp, der wo am Esstisch dana gampet hot, halt nix meh zom beißa kriegt hot. Fertig, aus, hotta!

Koi Mensch hot sich Gedanka gmacht, ob mir von dene grausame Gschichta en Schada drvotraget. Manchmol frog i mi echt, wia mir des älles iberstanda hand.

Hugo Breitschmid: **Die Rettung**

D'Landwirtschaft war fascht am End,
weil Baura zu viel gschaffet hend.
Diea Küha, dia gebet zu viel Mill,
Kuhamill, wo koi Sau meh will.

Doch fenf Minuta vor em Ende
kommt mit d'r Goiß die große Wende.
Ziegamilch, des isch der Renner,
für Gourmets ond au für Schpenner.

A Goiß isch 's reinschte Wondertier,
ma braucht koi Kontigent d'rfür.
Zieagakäs ischt guat em Preis,
es lebe hoch der Bock, die Geiß.

Mit neiem Fleiße schafft d'r Jong,
wiea en Goißbock hot'r Schwong,
nullbock isch jetzt völlig aut,
wer Ziega hot, hot schnell a Braut.

Doch au der reife Bauersma
schaffet sich jetzt Goißa a,
sieht er vom Bock en Seitaschprong,
fühlt sich d'r Alte wieder jong.

Goißahaltung isch rentabel,
diea Tierla send jo so spendabel,
zua d'r Milch liefret se glei Bohna,
nix duat sich so wiea Goißa lohna.

D'r Franz war emmer en d'r Klemme,
jetzt kommt d'r Griechtsvollzieher nemme.
Seit auf em Hof d'r Goißbock stenkt,
der Beamte bloß von Weitem wenkt.

Mit Goißa schaffa isch a Fraid,
hot drom d'r Franz aus Reute g'sait.
Wer Ziega hält, ischd weise,
es lebe hoch der Bock, die Geiße!

Bernhard Bitterwolf: **Bruddler-Kanon**

1. Schimp-fa und brudd-la butzt zwar dei-ne Kudd-la, doch Sin-ga und La-cha sind viel bess-re Sa-cha, doch Sin-ga und La-cha sind viel bess-re Sa-cha!

2. Dapp voll Freid in d'Dreck-lach, dia Sonn scheint so schee! Weags Dreck-la-cha la-cha, Herz, was willsch no meh? Weags Dreck-la-cha la-cha, Herz, was willsch no meh?

Hugo Breitschmid: **Emmer d' Eva**

Goht's de Leut so richtig guat,
isch nemme weit zom Übermuat.
Schau em Paradies, so lehrt ons d'Bibel,
war des dr Grond fürs Erdaübl.

Dera Eva isch do sauguat ganga,
doch vom Ommananderhanga
ond vom sorgafreia Leaba
weret d'Leut ganz schnell verweaga.

Allheck sait d' Eva: Komm,
mir schmuset ondrem Äpfelbom,
komm, i ka's kaum meh verwarta.
Bei dem verbotne Bom em Garta
isch all mei Langeweil verfloga,
komm, jetzt sei it so verboga,
diea Äpfel lachet mie so a.
Jetzt sei koin Frosch ond lang oin ra!

Da Adam bizlet's selber au,
da Schönschda hot er hanga lau,
er pflückt en Kloina zom Verkoschta,
den ka ma sowieso bloß moschta,
no hot er g'sait: Eva, beiß nei,
des ka koi schwere Send it sei.

Kaum hend diea zwoi en Epfel bissa,
will a Donnerschtemm glei wissa,
weller, Heida-Schduaget, sapperlott,
sich an dem Bom vergriffa hot.

Do sait d'r Adam: Jetzt isch aus,
i glaub, d'r Herrgott keit ons naus,
nagget jagd der ons zom Deifel,
ond du bisch schuldig, ohne Zweifel.

Do fangt diea Eva 's Jammra a.
Lieaber Gott: I ond mei Ma,
i hon koi Kloid, der koine Hosa,
ond do draußa liegt ma it auf Rosa.

Da sprach der Herr: Zom Donnerwetter,
nehmet a paar Feigablätter
ond decket eure Sacha zua.
Do goht's naus, jetzt hone gnua.

Do send se gstanda vor em Därle,
's allererschte Menschapärle,
granget hot's ond halba gschnia,
ond em Wald hot's Käuzle gschriea.

Der Adam schempft: I lass mie scheida,
du bisch schuldig an dem Leida,
mir standet wegs deim blöda Bom
fascht nagget en dr Kälte rom.

Au d'Eva hot's erbärmlich g'frora,
am ganza Leib bis nauf an d'Ohra,
ond se schlupft an Adam na:
Dur mie g'wirma, liaber Ma!

Scheida kasch die gar it lau,
kascht zo koiner andra gau,
weil i d'r alleroizigsch be,
aber gugg, i be doch schee.

Freile bisch du it schleacht grota,
scheida lau isch eh verbota,
komm no richtig en mein Arm,
noch weard's ons glei a bizle warm.

Morga fangschd a Kloider näha,
i dur ackera ond säa,
bau a Häusle ond a Bett,
nochher hend mir's au ganz nett.

Doch om oins, do bitt i drom,
schwätz niea mehr vom a Epfelbom.

Albin Beck: Paragrafareiter

Dr Umgang mit Behörda war immer scho problematisch. Doo bestoht koi Waffagleichheit. Auf dr oina Seita 's gemeine Volk, dr Untertan, auf dr andera d'Staatsgewalt, Paragrafareiter. Und dia Straftatbeständ »Beamtabeleidigung« und »Widerstand gegen die Staatsgewalt« stellet den ganza Apparat außerdem no unter a Art Glasglocka. Früher war des no schlimmer. Dr Herzog Carl Eugen zum Beispiel hot da aufmüpfiga Christian Friedrich Daniel Schubart oifach auf'm Hohenasperg eibuchta lau. Und dr Schiller, der mit dr Glocke, hot au ins deutsche Ausland flüchta messa. Aber des ischt vrbei.

Amtspersona send angesehene Leut. Im Zuge einer allgemeina Balkanisierung hot ihra Anseha allerdings au glitta. Se hent aber immer no an Bonus. Bsonders bei ältere Leut. Vrzehlt mir doch kürzlich a nebaberuflicher Interviewer vom Statistischa Landesamt, er häb a älters Ehepaar befroga messa. Dia Leutla häbe vor lauter Respekt und Unterwürfigkeit glei ihre ganze Versicherungs- und Steuerordner herghollet. Ob er ihne saga könn, worum se runde 600 Mark Steura zahla messe und ob'r a Vesper well. – Beamte müsst ma sei!

Dr Sepp hot wega ra Grenzstreitigkeit aufs Rothaus komma messa. Kaum hot'r Griaß Gott saga könna, ischt dr Bürgermoister scho wia Oberfeldwebel über'n hergfalla. So an Ton isch dr Sepp it gwöhnt gwea. Er hot gwartet, bis der Schultes auskolteret ghet hot. Dann hot'r ganz ruhig gfroget: »Soll i stillstanda?« – Und zmol hot au der Herr Bürgermeister ganz vrnünftig schwätza könna. Dr Sepp hot sich gwunderet, wia schnell dia ganz obrigkeitsstaatlich Fassade zammabrocha ischt.

In dr Nähe von Ulm hent se vor a paar Johr a Flurbereinigung durchgführt. Wia üblich hent au doo dia Baura vorher lauter Eins-A-Äcker ghet und nochher bloß no Gruscht. Oiner hot gmoint, er sei unvrschämt bschissa worra. Beim Gütetermin isch dann hoiß herganga. Boide Parteia hent ihre Positiona kompromisslos vrteidigt. A Einigung war it möglich. Zmol isch dem Baura dr Kraga platzt. Er hot dem Oberregierungsvermessungsrat oina an Gosch naghaua, dass dem seine Jacketkrona klinglet hent wia Symphonieorchester. Der Ma hot sich um de oige Achs dreht, d'Auga hochklappt, sterbender Schwan gspielt und in Zeitlupe umfalla lau. Mit Stil, muss ma saga. Fast wia dr Nurejew.

Für den Volltreffer ischt der Bauer vom Amtsrichter wega Körperverletzung in Tateinheit ... zu ra Geldstrof von tausend Mark vrurteilt worra. Sei letzts Wort war – und zwar laut, dass jo alle im Grichtssaal mitkrieagt hent: »Aber ghet hot'r se doch!«

So ebbes hoiß i Charakter! Der Ma hot sich sei Überzeugung ebbes kosta lau. Respekt!

Dr Christian ischt wega ra Grundstücksgschicht aufs Rothaus glada worra. Ganz bewusst ischt'r mit kuhdreckige Stiefel vor'm Schultes aufkreuzt. 's hot scho lang gäbalet zwischa dene zwoi. Jetzt hot'r a Glegahoit gseha zum Abrechna. Alles, was sich johrelang aufgstaut ghet hot, ischt aus'm rausbrocha. Er hot gschimpft wia Rohrspatz. Sei Gebiss hot beängstigend gschepperet. Dr Bürgermoister ischt ganz klei worra hinter seim Schreibtisch. Er hot ständig Angst ghet, dia Zäh fallet ihm ins Gsicht. Und der Christian ischt'm immer näher auf d'Pelle grückt. Zmol nimmt'r sei Gaumagebiss raus, legt's auf da bürgermeisterlicha Schreibtisch und schimpft oba ohne weiter.

Im Schultes ischt gschwind 's Gsicht standa blieba. Wenn mir der Kerle sei Gebiss jetzt an Kopf wirft!? Er ischt vorsichtshalber weiter in Deckung blieba. Und der Christian hot weitergschimpft, bis'r sein Kropf ganz gleert ghet hot. »I lass mir von dir 's Maul it vrbieta! Und it vom Landrat!«, hot'r no bellet, sei Wackelgebiss vom Schreibtisch gnomma, ins Maul gschoba und ischt mit seine Kuhdreckstiefel nausmarschiert.

Von doo a hot'r Rothausverbot ghet. Des war zvill! D'Schulkehrere hot gsait, so a Sau sei vorher no nia auf'm Rothaus gwea.

Ma muss schwätza mit de Beamte. Dees ischt a wichtiga Regel. Wenn ma schriftlich vrkehrt mit dene Auserwählte, noch wirds problematisch. I hau an Brief kriagt vom Finanzamt, oi Satz: Der Einheitswert ist aufzuheben, weil die wirtschaftliche Einheit – Klammer auf – Untereinheit – Klammer zua – weggefallen ist.

A großartiger Satz! Und so vrständlich! Wenn a Nichtjurist – und dees solls jo no geba – wenn also a Nichtjurist so a Schreiba kriagt, noch fällt'r in tiefe Depressiona. Wenn'r dann mit dem Finanzbeamta schwätzt, stellt sich alles ganz oifach dar.

Dr Bürgermoister Steger hot seine Baura da Schlachtschei immer höchstpersönlich ins Haus brocht, wenn se gmetzget hent. A vorbildlicher Service! Aber 's ischt jedes Mol späta Nacht gwea, bis dia Baura den Ma wieder hoimbrocht hent …

Wo sei Gmoind wieder amol an Eber braucht hot für de kommunal Vatertierhaltung, hent se a Spitzatier kauft für über 1200 Mark. Anschließend hot dui Kaufkommissio, dr Bürgermoister und zwoi sachvrständige Gmoindrät, im Hirsch eikehrt. Wia üblich.

Mehr oder weniger war des immer a Ausflug mit anschließender Sauferei auf Gmoindskosta. Aber Traditio!

Dia Eberfraktio hot also im Hirsch tagt. Hoiß isch gwea – und it bloß in dr Wirtschaft. Wo se zu später Stunde hent hoimfahra wella, ischt der Eber leblos im Anhänger glega. A bösa Überraschung! Jetzt war guter Rat teuer. Noch eingehender Beratung hent die drei Experta festgstellt, dees sei a Schada infolge höherer Gewalt. Sia seiet schlieaßlich it schuld an dene subtropische Temperatura. Gmoind müss halt den Verlust in Gotts Nama traga.

Ma hätt au glei noch'm Markt hoimfahra könna. Auf so a abwegiga Idee ischt aber koiner komma. Dr Bürgermoister hot für alle Fäll a Versicherung abgschlossa. Wo se vier Wocha später dann wieder so a Viech kauft hent, ischt dui Sauparty im Hirsch abganga wia eh und je. – Traditiona muss ma pflega! Au wenns Geld kost!

Marlies Grötzinger: **Viagragsälz**

Bei eis en Oberschwoba duet ma jo öfters a bissle andersch wia oiba anderscht. Beispielsweis hand eisre Nene ond Nana, wenn se a Kendle wella hand, a Wallfahrt uff da Bussa nauf gmacht. En dr Kirch vom heiliga Berg von Oberschwabe sand se naknuilet, hand betet ond hand a Keezle azonda. Drnoch hot's moischtens klappt mit em Kendrsega. Ond wenn d'Nana noch ällaweil hops gwea isch ond dia Dergela wia d'Orgelpfeifa dogstanda sand, hot ma höra könna: »Gang au uff da Bussa nauf ond lösch des Keezle aus!!«

Heit no geit's em Lädele am Fuaß vom Bussa Bussakendla zom kaufa. Aber koine uss Floisch und Blut, sondern kleine, siaße, uss Marzipantoig.

Em Zeitalter von dr Chemie isch des Keezle azünda natierle nemme gfroget. Heit verland sich au Oberschwoba uff Pille ond Viagra.

So wia dia zwoi ältere Manndsnama. Dia hand sich grad iber des Wondermittel für ältere Ma onderhalta ond dass des halt scho reacht saumäßig teuer sei. Sait dr oi: »Ah wa, do brauchscht doch koi Viagra kaufa, do kasch doch au Tollkirscha essa.«

Dr ander iberlegt ond geit zruck: »Aber des wirkt jo noch bloß em Sommer.«

An des hot sei Freind noit denkt, aber glei goht dem a Liachtle auf ond er sait: »Ha du Bachel, no macha ma halt a Gsälz druss!«

Rund um's Johr

Erika Walter: **Das kleine Glück**

En raua Wind weht heit
in de Berg hot's gschneit
müed und matt
vom Trubel in dr Schdadt
Dämm'rung im Zimmer
Kerzaschimmer
leise Harfamusik
en Hauch von Glick
en duftenda Tee
Herz was willsch meh

Bernhard Bitterwolf:
Frei de heit (Kanon)

Ganz langsam!

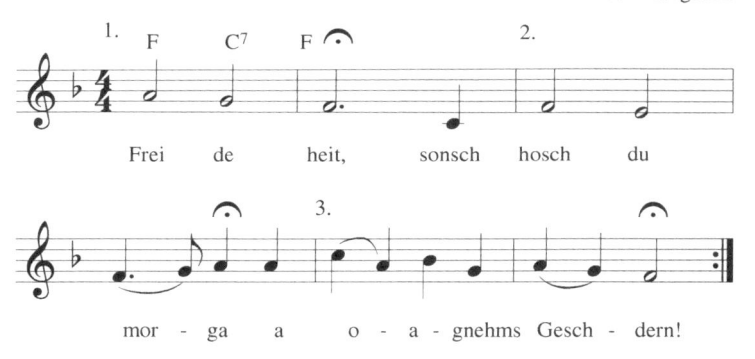

Frei de heit, sonsch hosch du mor - ga a o - a - gnehms Gesch - dern!

Oma Paula: **Dreikönig**

En kloine Kerle kommt am Dag noch Dreikönig in d'Schual und schwätzt mit'm Lehrer. »Herr Lehrer, mir hont geschdern Drillinge kriagt. Drei Buaba! Etz hon i mit oim Schlag drei Brüderla!« »Jo«, hot dr Lehrer do gsait. »Ond des an Dreikönig! Dia hoißet sicher Caspar, Melchior und Balthasar?« Drauf der kloi Kerle: »Herr Lehrer, i glaub it. I hon bloß dr Baba höre sage: Himmel, Arsch und Zwirn!«

Oma Paula: **Aschermittwoch**

Am Aschermittwoch duat ma doch in dr Kirch a Aschekreiz auf d'Stirn von de Gläubige mache. Dr Pfarrer bittet sein Messmer: »Du kendesch mir heit helfa mit dene Aschakreiz! Du nimmsch die reacht Seita und i de link Seita.« Dr Messmer: »Jo, des dua i scho, aber was muaß i do saga?« »Mensch, bedenke, dass du Schtaub bisch und wieder zu Schtaub wirsch!« Drauf dr Messmer: »Isch reacht!« A Weile druff kommt er wieder zum Pfarrer: »Herr Pfarrer, tut mir loid, i hon's scho wieder vergessa. Was muaß i saga?« Dr Pfarrer hot's em halt nomol gsait. Als dia zwoi aus dr Sakristei nauslaufet, sait dr Messmer nomol: »Herr Pfarrer, was muaß i etz au saga?« Dr Pfarrer wird narret: »Du bisch en Simpl und du bleibsch en Simpl!« Noch isch dr Messmer naus, hot des Aschakreiz gmacht und immer gsait: »Du bisch en Simpl und du bleibsch en Simpl!« Noch ra ganz Weile waret zwoi junge Kerle dra. Dr oi sagt: »Wenn i it gwieß wüsst, das des lateinisch isch, no dät i em ois an d'Gosch nahaua!«

Erika Walter: **De erschte Veilchen**

D' Luft isch so lau,
über Nacht
sind d' Veilchen erwacht,
so zart und blau.

Jedes kleine Gsicht
aus Seidasamt,
vom Sonnalicht grahmt
isch wie a Gedicht.

Grüne Blättla, wia Herza
en zarta Duft
liegt in dr Luft –
vrgiss deine Schmerza.

Noch em Winter, dem schroffa,
so eisig und lang,
wia war drs do bang,
jetzt derfsch wieder hoffa.

Hugo Breitschmid: **Lugebeitel**

Neulich war en Mordskrawall
beim Huaber en seim Hennaschtall,
bei de Henna gloi ond groß
war regelreacht d'r Deifel los.

Ma hört's gaggra, kreischa, flenna,
bloß ausgnutzt weret mir als Henna.
Diea Schendarei oms täglich Oi,
des dät sonscht neamet, noi.

Noch jedes Johr des Oschterfescht,
des gibt ons Henna no da Rescht.
Jeder will sei Oschteroi.
Doch diea gröschte Lomparei
send noch diea verlogne Phrasa,
diea Oier kämet von de Hasa.

Mir Henna, mir wo d'Oier machet,
mir weret doch bloß no verlachet,
drom hend mir Henna heut beschlossa,
des Johr weard an Oschtra gschlossa.

Der Has, der soll doch selber lega,
er nemmt jo au da Ruhm entgega.

Für da Has weard nemme gschaffet,
mir saget dene, wo bled gaffet,
mancher lauft mit Orda rom
ond macht selber gar koi Pfota kromm.

Hugo Breitschmid: Sommer im Park

Hohsommer ond hoiß,
es bäbbet d'r Schwoiß,
d'r Bello hält 's Maul,
d'r Kater schloft faul,
alles suacht Schatta,
do möcteschd zom Bada,
dronda am See,
do wears heut schee.

Em schattiga Park
isch diea Hitz it so arg,
do sitzet se dana,
fenf ältere Manna,
schwetzet a bizle,
verzellet a Witzle
oder gugget gradaus
ond machet a Paus.

Dene Enta am Teich
isch diea Hitz völlig gleich,
die tauchet ond schnattret,
dr Schmetterleng flattret,
duat Bloama begrüaßa,
dr Gärtner duats gieaßa,
heut duftet se stark,
's isch Sommer em Park.

Oma Paula: Urlaubsbekanntschaft

A jungs Mädla gibt a Zeitungsanzeig auf: »Hübsche Achtzehnjährige sucht Urlaubsbegleitung!« En ganza Haufa Zuaschrifte sind komma. Die Muadr wundret sich: »Des het i it denkt, dass des Intressa so groß isch!« Des Mädla: »Jo, des find i au toll – sogar dr Papa hot gschrieba!«

Ingrid Koch: **Weihnachtsfeire**

Ab Dezember isch's so weit:
D'Leit hend wieder môl koi Zeit!
'zig Termin, so heersch es klage,
dätet se zur Zeit erschlage,
dass se fascht gar nemme wisstet,
wo se zerscht na'springe misstet –
also bloß im Stress no läbet,
was se satt bis obe häbet
und sia's kaum verwarte kenntet,
bis der Spuk jetzt bald môl endet …

Was so schrill in d'Ohre dringt,
voll nôch Top-Mänatschment klingt!
Doch bevor me 's Herz verbiagt
und no Mitleid mit ne kriagt,
muss me glei dagege steire:
Dô gôht's bloß um Weihnachtsfeire!

Vom Betrieb, von de Verei,
Stammdisch, Kegelclub, Partei,
Liaderkranz, Theatertruppe,
Wander-, Danz-, Gymnaschtikgruppe,
Schiabteilung, Freizeitsportl'r,
Kicker, Marathonrekordl'r,
Schrebergärtn'r, Hasezicht'r,
Litraturkreis, Hobbydicht'r,
Kriagsgräb'r- und Frauebund,
Tennis-, Yachtclub und, und, und …

Je nôch Status und Lokal,
vornehm môl, môl ruschtikal,
môl mit Stille-Nacht-Akuschtik,
môl meh ringelpiezig-luschtig …
Wurscht wia rum: Des Larifari,
des verbraucht halt Diridari.

Doch warum so 's Geld verschwende?
Statt z'versau…, z'trinke kennt m's spende
für en wohltätige Zweck!
S Geld wär denn zwar trotzdem weg,
aber it, um d'Gurgel z'kühle!
Noi, me dierft sich edel fühle
und als Wohltäter empfinde …

's Bescht wär, a Vereila z'gründe,
so en Anti-Fescht-Klub, der
gege Weihnachtsfeire wär.

S gäb denn bloß oi Schwierigkeit:
Für dia viele nette Leit,
dia dô gratis schaffet und
für's Vereinsziel ebbes dunt …

… für dia langt am Jôhresend
koi siaß-schmalzigs Kompliment,
dene kasch it mit me fromme,
lahme Händedruck bloß komme
und re trockne Dankesleier –

dô breichts scho a
Weihnachtsfeier!

Erika Walter: **Das Weihnachtsgeschenk in letschter Minute**

En Mensch, vom Weihnachtsrummel satt,
rennt kurz vor Ladaschluss in d'Stadt.
Am liabschta dät er jo entflieha,
um sich dem Trubel zu entziaha,
und jedes Mol schwört er aufs Neu:
»'s nächscht Johr, do kauf i' früher ei!«

Er guckt sich um ganz sorgavoll
und woiß it, was er kaufa soll.
Des hot en jo scho länger ploget,
drum hot er au sei Frau heit gfroget,
was sia zum Fescht sich wünscha dät.
Doch des war scheinbar leider z'schpät.
Weil se gereizt drauf reagiert,
hot er au sofort resigniert.

»'s ganz Johr«, so sagt se ziemlich schnippisch,
»häb se gnueg Wünsch ghett, des sei typisch.«
Dass er sich nia was merka dei,
des sei bei Männer jo it nei.

Ratlos lauft er rum im Städtle,
denkt: I kauf 'ra halt a' Kettle.
Mutig schtürzt er nei zur Dir
in Lada von ma Juwelier.
Doch do isch em's it geheuer,
was em gfallt, des isch em z'teuer.
Leise schleicht er sich drvo,
isch im Moment au richtig froh.

Doch schnell beschleicht en wieder Frust
und es isch em schnell bewusst,
wird er nämlich heut it fündig,
wird em d' Freundschaft aufgekündigt.

Unterwäsche fallt em ei,
dürft e' Gschenk für Fraua sei!
Im Kaufhaus der gehobnen Klasse,
sieht er Dessous glei bei dr Kasse.
Mutig schreitet er drauf los,
frogt noch ma BH und 'ra Hos.

D' Verkäuferin vrhebt kaum 's Lacha,
zoigt em verschiedne hoiße Sacha,
vom BH bis zum Negligé,
er schtaunt, do duet em d'Wahl grad weh.
Vorsichtig frogt er noch em Preis

– des macht en Schwob, was jeder woiß –
im Geischt zehlt er schnell seine Euro
und denkt: 's isch immer no en Teuro!
Zur Verkäuferin sagt er keck:
»Machet Se da Preis au weg!«

Erleichtert und mit frohem Muet,
nimmt er 's Päckle und sein Huet,
kauft auf em Hoimweag no en Wei
und schloft am Obed selig ei.

Am andra Dag liegt unterm Baum
der schee vrpackte Wäschetraum.
Doch bald scho hot er die Bescherung,
koi Dankbarkeit und koi Verehrung,
denn als sei Gattin, die Clothild,
dieses Luschtpaket enthüllt,
schimpft se los glei auf den Arma,
statt ihn zärtlich zu umarma,
und sie sagt ihm glatt ins Gsicht:
»Alter schützt vor Torheit nicht!«

Was sia soll mit dene Fetza,
des dei ihr Schamgefühl vrletza,
ob er sia vrschpotta wett,
wo se doch so Rheuma hett.

S wär gscheiter gwäa, er hett was denkt
und Angoraschlüpfer gschenkt.
Dia gäabet wenigschtens au warm
vom Knia a naufwärts bis zum Darm!

Er moint bloß: »Heut schtreit i it rum,
no dausch's, wia jedes Johr, halt um!«

Erika Walter: **Weihnachten in der Stadt**
(nach einer wahren Begebenheit)

Kalter Weihnachtsglanz schtrahlt hell
über uns'rer Schtadt,
Menschamassa haschtet schnell
konsumübersatt.
»Freue dich, o Christenheit …«,
schallt's vom Kaufhaus rüber,
doch ma sieht bloß ernschte Leit,
's schbringt koin Funka über.

En Schwarzer schteigt in d' Schtroßabah,
und guckt it rum und numm,
do pöblet ihn en Weißa a
und mault: »Guck it so dumm!«

Dr Schwarze duet, als merk er nix,
des macht den andra wild,
der fuchtlet rum und schreit: »Verflixt«,
was er sich wohl eibild?
Mir häbet gnueg von dera Sort',
wo bloß nix schaffa well
und Geld kassier in jedem Ort,
»raus mit euch, aber schnell!«

Der Schwarze isch muxmäusleschtill,
au sonscht bleibt alles schtumm,
weil niemand sich eimischa will,
ma schpürt's fascht, Angscht goht um.

Do wird's dem Randalierer z'lang,
er zoigt dem Schwarza d'Fauscht,
dem isch – ma sieht's – auf oimol bang,
der Weiße raschtet aus.
Dr Schwarz weicht zrück so schnell'r ka
und d'Fauscht vrfehlt drauf 's Ziel,
trifft gradaweags dr Hinterma,
's wird für Sekunda schtill.

Dr Fahrgascht auf da Boda sinkt,
schbuckt Bluet und atmet schwer,
er regt sich it und alles schpringt,
's müeß schnell en Dokter her!

Dr Schwarze schtellt sein Koffer ab
und packt Verbandszeug aus,
ganz ruhig holt'r aus'ra Mapp
sein Notarztausweis raus,
en »Zivi« mit ra gschtrickta Mütz
kommt her und hilft vrbinda,
er legt sein Walkman auf da Sitz
und leise klingt's von hinda:
»O happy day, o happy day …«

Von dr Liab

Albin Beck: **Dr Liebesbarometer**

Wisset Sia, was Kognitionspsychologie ischt? It? I au it. Gott sei Dank. So a Kognitionspsychologie-Professer hot nämlich neulich erklärt, er zweifle it, dass sich Computer in Zukunft vrlieba däbet. – Scheene Aussichta!

Doo passt's ins Bild, was mir kürzlich a junger Ma gsait hot: Bei ihm stand so a Kasta auf'm Nachttischle. Weiter hot'r it vrzehlt. I hau au it weiter froga traua. Computer im Schlofzimmer! A normaler Mensch ka sich it vorstella, zu was so a Apparat ausgrechnet im eheliche Schlofzimmer guat sei könnt. Vielleicht als Vrständigungsmittel, wenn zwoi nimme so ganz kompatibel send? Noch könnt so a Bildschirm-Dialog ugfähr so ablaufa:

Er: Ja?

Sui: Nein!

Aus. Zwoi Wörter könntet roicha. Außerdem Fragezeicha, Ausrufezeicha, Punkt. Meh braucht's it. Aufregend erotisch ischt so a

Zwiegespräch jo it ubedingt, au it sonderlich romantisch. Aber Computerer hent mit Romantik eh nix am Huat.

In dr Regel isch von Ehebett zu Ehebett it übermäßig weit. Ma könnt do au auf konventionelle Art mitnander kommuniziera. Ma könnt schwätza zum Beispiel und dann hätt ma jo au no Händ und Fiaß. Aber ohne Computer lauft heut eba nix meh. In absehbarer Zeit möglicherweis it amol meh im Schlofzimmer.

Vor guat 20 Johr be ne gschäftlich in a Haus komma, am Tag noch dr Hochzeit. Am Tag noch dr Hochzeit! Wia ka ma! Guat, 's ischt halt so na worra. Dui nimme ganz so jung, frisch vrheiratet Frau ischt alloi dahoim gwea. Wo mr 's Gschäftliche abgwicklet ghet hent, hot se mir ihra Wohnung zoigt. Zimmer für Zimmer. Alles picobello. Wia frisch vrheiratet halt.

Zerscht hot se me in a kleis, oifachs Kämmerle gführt. »Dees isch 's Zimmer von meim Ma«, hot se gsait. »I hau getrennte Schlofzimmer wella.« A bissle rot isch se worra drbei. Dann hot se mir Kuche und Arbeitsraum zoigt. Und dann a wunderschees Zimmer –

was hoißt Zimmer? Ein Gemach, elegant und mit Gschmack eigricht. A klassisch Boudoir à la Madame de Pompadour. »Dees isch mei Domizil«, hot se mr stolz erklärt. – I hau' nr bloß gratuliera könna. Oifach nobel!

Wo ma naus send aus ihrem Refugium, isch mr am Türgricht ebbes Farbigs ins Aug gsprunga. Wunderfitzig wora, hau ne gnauer nagucket. Aus a ma Art Häusle raus hot me a netts, lustigs Mädle aglachet. Und des Mädle hot ma vrschieaba, oder besser: eistella könna. Dui Skala isch ganga von »Ich hasse dich! Verschwinde!«, ganz unta, über »Ich habe Kopfweh« und andere Ausreda bis »Ich bin verrückt nach dir! Besuch mich!« ganz oba. Und auf ganz oba isch eigstellt gwea. Klar, noch dr Hochzeitsnacht! Und über dem »Wetterhäusle« isch groß und vrschnörklet gstanda: Liebesbarometer.

I hau ziemlich dumm gucket. Sottige Hilfsmittel hau ne it kennt. Aber nett ausgseha hot'r, der Liebesbarometer. Über sein praktischa Wert allerdings hau ne koine rechte Vorstellunga ghet. Und dui Frau, dui frisch vrheiratet, hot zmol ausgseha wia in Himbeersaft tunket. Vrständlich, wenn ma sei intima Groß-

Absender (bitte gut lesbar schreiben):

Name

Straße

PLZ   Ort

E-Mail

Beruf   Alter

Für Silberburg-Bücher interessiert sich auch:

Deutsche Post
ANTWORT

Silberburg-Verlag GmbH
Schönbuchstraße 48
D-72074 Tübingen

Bitte als
Postkarte
frankieren

Wir sind neugierig ...

was Sie von dem Buch halten, dem Sie diese Karte entnommen haben.

Titel des Buchs

Wie wurden Sie auf das Buch aufmerksam?

Bitte schreiben Sie uns ganz offen Ihre Meinung. Sie ist wichtig für unsere weitere Verlagsarbeit.

Der Silberburg-Verlag hat sich auf Baden-Württemberg spezialisiert. Haben Sie Ideen oder Vorschläge zu Buchthemen?

... Sie auch?

agen Sie einfach umseitig Ihre Anschrift ein. Gerne senden wir Ihnen dann formationen zu unseren Neuerscheinungen.

m Silberburg-Verlag erscheint »**Schönes Schwaben**« – die farbige Monatszeitschrift zu Kultur, Geschichte, Landeskunde. Informativ und unterhaltsam, aktuell und zeitlos. Mit traumhaft schönen Fotos und interessanten Artikeln von kompetenten Autoren. Sollen wir Ihnen einmalig ein kostenloses Probeheft senden?

☐ Ja   ☐ Nein

wetterlage von jetzt auf nochher so schutzlos preisgeba muss! Aber dees Geniera ischt dem Mädle ausgsprocha guat gstanda, trotz seiner fortgschrittana Jugend.

Schlecht ischt'r offasichtlich it gwea, der Liebesbarometer. I sieh des Ehepaar no oft händchenhaltend spazieraganga. Ob se'n no benutzet? I woiß it, und sage dent se nix.

Und jetzt also könnt's sei, dass der Liebesbarometer und au dia ganz alt, archaisch Methode, dia ohne jegliche Hilfsmittel, vom Computer verdrängt werret. Nix gega Technik! Aber Computer im Schlofzimmer, do dät ma da sogenannta Fortschritt zum Prinzip erheba! A revolutionära Entwicklung gega de menschlich Natur! Und unpraktisch drzua! Na ja, gelegentlich ischt dr Fortschritt schwer zum begreifa. Aber ehrlich, i ka mr it vorstella, dass so a Computer 's ganze männliche Großhirn lahmlegt, oder dass ebber so an Kasta in Arm nimmt, au wenn's Leut gea soll, mit ma Gfühlsleaba wia Stroßawalza. Neulich hot ma zwar glesa, dass sich oiner in sei Wäschmaschee verguckt häb. Und jetzt vielleicht Chipneurotiker und Pentiummasochista? So pervers, so degeneriert, so zivilisationsgeschädigt könnet d'Leut wohl it sei. Kognitionspsychologie hin oder her! Sonst müsst ma tatsächlich an dr Menschheit vrzweifla. Eher dent sich do scho dia Computer unteranander geschlechtlich fortpflanza. – Ohne Liebesbarometer.

Oma Paula: **Platonische Liebe**

En junger Kerle sait zua seim Kumpel: »Heit Obend kommt mein Schatz, mei Freundin zum erschta Mol zu mir auf Bsuach en mei Wohnung! Aber se hot ausdrücklich gsait: Nur platonische Liebe!« Der Kumpel froget: »Wa isch des? Platonische Liebe?« Dia Antwort: »Des woiß i au it so gnau. Aber i hon mi mol vorsichtshalber überall gwäscha!«

Oma Paula: **Dia Braut**

Ein junger Ma kommt zu seim Onkel: »Woisch, Onkel, etz hon i scho drei Mol a Braut ghett und immer wenn i se hoim bring, jagt se mei

Muadr fut! Was soll i denn au dua?« »Ha, etz bringsch halt amol oine hoim, wo so isch wia dei Muadr.« Drauf der junge Ma: »Des hon i au scho dau – no hot se dr Vatr futgjagt!«

Oma Paula: **Dr Rausch**

Oinr isch hoim vom Fescht, 's war scho ziemlich spät! Wo er hoimkomme isch, hot sei Weib gsait: »Ha, du hosch ja en scheene Rausch!« Sei Antwort: »Des freit mi aber, dass'r dir au g'fällt!«

Oma Paula: **Einsam**

Do sait a Frau zu ihrer Freundin: »Du, i bin so einsam!« »Ach«, sait dia. »Etz hosch du doch en Ma und en Freund!« »Des isch es jo grad«, kommt dia Antwort. »Do verloht se dr oi auf dr ander!«

Bernhard Bitterwolf:
Musikalische Liebeserklärung

1. Du bisch wia a Mundstück für d'Trompeta, du bisch wia a Notablatt, du bisch wia dia Löcher in dr Flöta, ohne di, do goht's berg-ab! Ohne di, do goht's berg-ab. Ohne di..........

Refr.: Sag nix und schlupf an mi na, dei Schnaufa isch Musik in meine Ohra. Dein Herzschlag i so arg ma, ohne di bin i verlora!

– 2 –
Du bisch wia en Ton von meiner Huba
und dei Äugle glänzt wia Blech,
bei dir möcht i jo so gern vergruaba,
en fetta Kuss i dir versprech!

– 3 –
Du bisch wia a Symphonie vom Mozart,
du bisch wia a Klarinett.
Guck, dei Haut isch wia en Pfirsich so zart,
mit dir gang i gern ins Be…ste Lokal der Stadt.

– 4 –
Du bisch wia en Walzer und en Tango,
du bisch wia en reachta Marsch.
Du bisch wia a Samba und en Mambo,
mir gfallt guad dein schöna A… rm!

Erika Walter: **Frühstück zu zwoit**

Am Frühstücksdisch do sitzt mein Ma
und gucket all bloß vor sich na.

»Etz schwätz doch ebbes«, sag i bald,
des hilft mr nix, des losst en kalt.

»Was isch? Du kenntscht me ebbes froga!«
Do hot er bloß sei Gsicht vrzoga.

»Was soll i froga?«, moint'r drauf!
I denk: Etz macht'r 's Maul doch auf!

»Dir fallt doch sicher ebbes ei,
des ka doch it so schwierig sei!«

»I wisst it, was i froga sott?«
»No frogsch me oifach, wia mrs got!«

»Also guet no frog i di:
Wia gots dr denn, Annemarie?«

»Wia mrs got, Karle, i bitt, i bitt,
o, frog me it, o, frog me it!«

Erika Walter: **Goldene Hochzeit**

A Ehepaar, so Mitte siebzig,
hot Goldene Hochzeit, do ergibt sich,
dass Gratulanta, ganze Schara,
gloffa kommet und au gfahra,
vom Bürgermoischter bis zum Pfarrer,
au Bänker, weil dia zwoi jo Schparer,
Vereinsvorschtänd und Schtammdischbrüader,
dr Männerchor mit frohe Liader.

Alles lobt des Jubelpaar,
weil's fuchzig Johr treu zamma war.
Dr Pfarrer moint in seiner Red,
dass es des bald nimme gäba dät.
De Junge sottet sich do schema,
sich so e Paar als Vorbild nehma!

Er wendet sich an d'Jubelbraut,
dia em vom Kirchgang so vrtraut:
»Hond Sia emol an Scheidung denkt,
seit ihr euch domols 's Ja-Wort gschenkt?«

»An Scheidung it, mei Ehrawort,
aber ab und zua an – Mord!«

Oma Paula: Todesazoig

En Ehema isch gschtorba. Dia Witwe goht zur Zeitung und hot dia Todesanzoig aufgeaba. Zum Zeitungsmensch sait se: »Also schreibet Se: Josef ist tot!« Der Redakteur froget: »Jo, und weiter?« No hot se gsait: »Nix weiter. I hon it so viel Geld für viele Wörter!« No hont dia Zeitungsmitarbeiter Geld gsammelt: »Mir leget zamma, no kennet Se wenigschtens no a paar Worte oder oin Satz drzua dua!« »Also guad«, hot se gsait, »noch schreibet Se halt: Josef ist tot, Moped zu verkaufen!«

Über uns

Albin Beck

Adresse: Jahnstraße 6,
89584 Ehingen (Donau),
Telefon (0 73 91) 89 10

Über mi: Als Badenser, als Gelbfüßler, in Grenzach-Wyhlen, Kreis Lörrach, an Silvester 1935 geboren. Aufgewachsen, naturalisiert und sozialisiert in Ehingen-Sontheim, an der schönen, blauen Donau.

Nach Banklehre Leiter einer Buchstelle, später Direktor einer genossenschaftlichen Bank.

Erste Schreibversuche in »Zeit & Welt«, der Samstagsbeilage der Schwäbischen Zeitung, mit Kurzgeschichten, Glossen und Satiren in Schriftdeutsch und auf Schwäbisch. Bisher vier sehr erfolgreiche Bücher mit wahren Geschichten aus dem täglichen Leben veröffentlicht. Als Ruheständler Lesungen von Stuttgart bis an den Bodensee.

Bernhard Bitterwolf

Adresse: Holderweg 25, 88339 Bad Waldsee-Haisterkirch, Telefon (0 75 24) 31 10, E-Mail: bernhard.bitterwolf@t-online.de, Internet: www.bernhard-bitterwolf.de

Ganz kurz: Bekennender Oberschwabe, Vollblutmusiker, Regionalkulturschaffer, Mensch mit lebensfrohem Grundoptimismus und unersättlicher Neugierde, Volksbildner und Menschenanimateur.

Hugo Breitschmid

Adresse: Hirtengasse 3,
88422 Dürnau, Telefon (0 75 82) 10 00

Bauerndichter

I über mie, des isch glei gsait:
Gebora en dr Vorkrieagszeit (1939)
auf ma kloina Bauragüatle,
en ma Dörfle, kloi ond gmüatle.

Dürnau hoißt's, am Federsee,
wo i mei Leabtag blieba be.
En dr Schual hot's grad so dau –
ma könnt den Bua studiera lau,
häb domols zwar dr Pfarrer gsait,
dr Lehrer moint: Du lieabe Zeit!
Des fehlt grad no, dass der studiert,
weil der 's Rechna nia kapiert!

Versla hon i det schau gschrieba,
doch diea hot dr Wind vertrieba.
Schaffa ond dr Hof umtreiba
war viel wichtiger als schreiba.
Doch neabaher, do hon i au
no mieaßa zum Verdeana gau.

Ond so be i mit de Johra
Waldarbeiter, Maurer wora,
Schwoißer, Fahrer, Silomoischter
ond bei alle guate Goischter
Theatrer, Dichter, Regissör –
ond Ehema no neabaher.

Jetzt ben i Rentner ond bekannt,
trett auf em ganza Schwobaland,
breng d'Leut zum Lache, was willsch meh,
ond schreib Autogramm mit Hugo B.

Marlies Grötzinger

Adresse: Am Käserberg 5, 88483 Burgrieden,
Telefon (0 73 92) 1 02 36,
E-Mail: marlies.groetzinger@VR-web.de,
Internet: www.marlies-groetzinger.de

Ebbes iber des Menschle: Als »Herbschtkatz« 1959 in Laupheim geboren, aufgewachsen in Bussmannshausen, Gemeinde Schwendi. Nach einem Studium in der Landeshauptstadt lebt sie mit Familie in Burgrieden.

Arbeitet im Bereich Öffentlichkeitsarbeit beim Landkreis Biberach. Daneben als freie Journalistin, vor allem für den Südwestrundfunk tätig. Ist dabei regelmäßig auf Stimmenfang für ihre Schwäbisch-Lektionen beim SWR 4 Schwabenradio und zeichnet für die Mundarträtsel bei SWR 4 Tübingen verantwortlich.

Schreibt seit fünfundzwanzig Jahren vor allem Glossen, Geschichten und Gedichte in ihrer oberschwäbischen Mundart. Unterhält mittlerweile Landsleute und andere Menschen bei den verschiedensten Veranstaltungen von Berlin bis zum Bodensee mit ihren humorvollen Texten.

Ingrid Koch

Adresse: Säntisstraße 3, 88069 Tettnang,
Telefon (0 75 42) 5 56 63,
E-Mail: Ingrid-Elisabeth.Koch@t-online.de,
Internet: www.ingrid-koch.de

So isch mei Läbe bisher verloffe: 1948 im schönen Montfortstädtchen Tettnang geboren und bis heute wohnhaft. Nach staatlicher »Kürung« zur Auslandskorrespondentin im nicht minder schönen Füssen im Allgäu eine 40 Jahre währende Liaison mit der Dieselmotorenfirma Tognum, vormals MTU und noch »vormalserer« Firma Maybach in Friedrichshafen. Seit Oktober 2008 im vorgezogenen Ruhestand.
Seit der Jugendzeit ausgewiesener Lesejunkie und ebenso früh gesegnet mit der lustvollen Freude am Spiel mit der Sprache, anfänglich noch in Schriftdeutsch, im Verlauf der vergangenen zwanzig Jahren nahezu nur noch im oberschwäbischen, respektive Tettnanger Idiom. Als »Worthandwerkerin« inzwischen munter lesereisend unterwegs vom Allgäu ins unterländische Württemberg über Nordbaden bis in die nahe Schweiz.

Rösle Reck

Adresse: Hausener Straße 5,
72505 Krauchenwies

Sie ist 1929 in Wilflingen, damals noch Oberamt Riedlingen, geboren und aufgewachsen. Im Dorf wurde, wie auch heute noch, unverbogenes Schwäbisch gesprochen.

Ihre Großmutter, die zu jener Zeit den Fernseher ersetzte, hat sie schon von Kindheit an, was Dichtung betrifft, auf den Geschmack gebracht. Denn alles, was diese Oma einst in der Schule an Gedichten gelernt hatte, konnte sie ihren Enkeln noch auswendig und mit Begeisterung vortragen. Die Frau, um die es hier geht, war als die Jüngste im Haufen natürlich Haupt-Nutznießerin. Ganz besonders hatten es ihr die Gedichte von Michel Buck aus Ertingen angetan. So ist es wohl kein Wunder, dass das Schwäbische diese Frau geprägt hat.

Inzwischen wird sie selber schon als schwäbisches Urgestein bezeichnet, war sie ja in Sachen Mundart über viele Jahrzehnte im Ländle unterwegs. Nach und nach sind neun Bücher mit ihren Texten entstanden.

Hermann Rehm

Adresse: Kapellenweg 10,
88525 Dürmentingen, Telefon (0 73 71) 65 38

Über mi: 1934 in Dürmentingen geboren, dort 43 Jahre Leiter der Raiffeisenbank. Seit 30 Jahren bei den »Originalen rund um den Bussen«. Schreibe heitere Verse in Schwäbisch und Hochdeutsch. Bisher sind elf Bändchen erschienen.

Paula Renz

Adresse: Untere Ortsstraße 11,
88524 Uttenweiler-Ahlen,
Telefon (0 73 57) 4 91

»Es darf nicht dunkel sein, wo du stehst.« Ich bin im Oktober 1933 in Ahlen geboren und aufgewachsen. Als Kind war ich Gänsehirt, viele Jahre. Den ganzen Sommer war ich mit meinen Tieren auf der Weide. Die Verantwortung war groß, aber ich war glücklich dabei.

Nach der Währungsreform durfte ich eine Klosterschule besuchen. Die Hausordnung war sehr streng und für mich, die die Freiheit so liebte, nicht einfach. Das Lachen habe ich aber nie verlernt. Nach der Hochzeit 1958 habe ich die kleine Landwirtschaft von meinen Eltern übernommen und nebenher sechs Kinder groß gezogen.

Seit 1947 singe ich im Kirchenchor in Ahlen. Eine wunderschöne Zeit. Diese fröhlichen Stunden waren sicher der Anfang von dem, was ich seit Jahren mache – den Menschen ein wenig Freude in den Alltag bringen.

Erika Walter

Adresse: Hofrat-Moll-Straße 35,
88069 Tettnang, Telefon (0 75 42) 5 45 27

Über sie: In Ravensburg geboren und aufgewachsen. Nach einer Schneiderlehre besucht sie die Modeschule und legt die Meisterprüfung ab. Bis zu ihrer Heirat arbeitet sie als Direktrice in der Modebranche. Es folgt der

Umzug nach Tettnang, wo sie bis heute mit ihrer Familie lebt. Dort wirkt sie als Dozentin an der Volkshochschule, daneben frönt sie ihren Hobbys.

Mit zehn Jahren schreibt sie erste Texte, es folgen Gedichte zu verschiedenen Anlässen. Später kommen Kurzgeschichten und Beiträge in Zeitschriften, mit zeitkritischem oder geschichtlichem Hintergrund dazu.

Aus Enttäuschung über das Verschwinden des Dialekts bei der jungen Generation fängt sie an, Gedichte und Prosa in oberschwäbischer Mundart zu schreiben. Bei ihren Lesungen zwischen Bodensee, Alb und Allgäu nimmt sie mit Augenzwinkern und hintergründigem Humor die kleinen Schwächen ihrer Landsleute aufs Korn und begeistert mit ihren Wortspielereien das Publikum.

Heiter und Kurios

In Ihrer Buchhandlung

Bodo Rudolf
Geschichten aus Wäsch
Heiteres und Kurioses aus Oberschwaben

Zwölf fröhlich-skurrile Geschichten um den Ort Wäsch.

160 Seiten, fester Einband.
ISBN 978-3-87407-715-6

Silberburg-Verlag

www.silberburg.de

Wörterbuch

In Ihrer Buchhandlung

Herrmann Rehm

Kleines oberschwäbisches Wörterbuch

»Appell hau« vor »Dilldabba«? Wer nicht weiß, was damit gemeint ist, sollte einen Blick in dieses Wörterbuch werfen.

Illustriert von Uli Gleis. 96 Seiten.
ISBN 978-3-87407-658-6

Silberburg·Verlag

www.silberburg.de

Heitere Begebenheiten

In Ihrer Buchhandlung

Albin Beck

Ordnung muss sei

Heitere Begebenheiten aus dem schwäbischen Alltag

Mit Geist und Humor spießt Albin Beck wahre Begebenheiten aus dem Alltagsleben auf und nimmt Kuriositäten und Eigenheiten der Schwaben aufs Korn.

Illustriert von Uli Gleis.
144 Seiten, fester Einband.
ISBN 978-3-87407-885-6

Silberburg·Verlag

www.silberburg.de

Schwäbische Gedichte

In Ihrer Buchhandlung

Hugo Breitschmid
Flieag, Schwob, flieag
Schwäbische Gedichte

Mit Urtümlichkeit und Witz reimt der bekannte oberschwäbische Bauerndichter neue Mundart-Verse.

100 Seiten, fester Einband.
ISBN 978-3-87407-996-9

Silberburg·Verlag
www.silberburg.de

Sapperlott!

In Ihrer Buchhandlung

Marlies Grötzinger

Sapperlott

Schwäbische Gedichte aus dem Oberland

Kluge, pfiffige und ungewöhnliche Miniaturen.

*Mit 15 Zeichnungen von J. H. Fischer und
einem Vorwort von Hermann Wax.
96 Seiten, fester Einband.
ISBN 978-3-87407-827-6*

Silberburg·Verlag

www.silberburg.de